建议陷阱
The Advice Trap
Be Humble, Stay Curious & Change the Way You Lead Forever

[加拿大] 迈克尔·邦吉·斯坦尼尔 / 著
(Michael Bungay Stanier)

易文波 / 译

The Advice Trap: Be Humble, Stay Curious & Change the Way You Lead Forever by Michael Bungay Stanier
Copyright © 2020 by Michael Bungay Stanier
Simplified Chinese translation copyright © 2022 by **Grand China Publishing House**
This translation published under license.
Published by arrangement with Transatlantic Literary Agency Inc., through The Grayhawk Agency Ltd.
All rights reserved.
No part of this book may be used or reproduced in any manner whatever without written permission except in the case of brief quotations embodied in critical articles or reviews.

本书中文简体字版通过 Grand China Publishing House（中资出版社）授权中国科学技术出版社在中国大陆地区出版并独家发行。未经出版者书面许可，本书的任何部分不得以任何方式抄袭、节录或翻印。

北京市版权局著作权合同登记　图字：01-2022-2170 号。

图书在版编目（CIP）数据

建议陷阱 /（加）迈克尔·邦吉·斯坦尼尔著；易文波译 . -- 北京：中国科学技术出版社，2022.10
书名原文：The Advice Trap: Be Humble, Stay Curious & Change the Way You Lead Forever
ISBN 978-7-5046-9750-9

Ⅰ.①建… Ⅱ.①迈… ②易… Ⅲ.①企业管理－人事管理 Ⅳ.①F272.92

中国版本图书馆 CIP 数据核字（2022）第 137048 号

执行策划	黄　河　桂　林
责任编辑	申永刚
策划编辑	申永刚　陆存月
特约编辑	张　可
封面设计	东合社·安宁
版式设计	王永锋
责任印制	李晓霖

出　　版	中国科学技术出版社
发　　行	中国科学技术出版社有限公司发行部
地　　址	北京市海淀区中关村南大街 16 号
邮　　编	100081
发行电话	010-62173865
传　　真	010-62173081
网　　址	http://www.cspbooks.com.cn
开　　本	787mm×1092mm　1/32
字　　数	136 千字
印　　张	7
版　　次	2022 年 10 月第 1 版
印　　次	2022 年 10 月第 1 次印刷
印　　刷	深圳市雅佳图印刷有限公司
书　　号	ISBN 978-7-5046-9750-9/F·1033
定　　价	69.80 元

（凡购买本社图书，如有缺页、倒页、脱页者，本社发行部负责调换）

致读者信

《建议陷阱》跟它的姊妹篇《关键7问》(*The Coaching Habit*)一样,旨在帮助你成为经理、领导者,学会如何带人。这就需要驯服你内心的"建议怪兽"(Advice Monster),保持好奇心更久一点点,不急于行动和给出建议。

这本书实用、好读,我相信你会喜欢它。

迈克尔·邦吉·斯坦尼尔
Michael Bungay Stanier

《建议陷阱》会给你指导,
让好奇心影响
你的日常领导行为。
并且让你明白
"少说多问"的重要性。

The Advice Trap gives you the tools to make curiosity
an everyday leadership behaviour.
And will convince you exactly
why saying less and asking more matters.

权威推荐

马歇尔·古德史密斯（Marshall Goldsmith）
畅销书《自律力》作者
两次获得 Thinkers50 "全球最具影响力的领导力思想家"

  迈克尔·邦吉·斯坦尼尔曾被提名为"教练界的头号思想领袖"。看看这本书，看看他为每个人、每个团队和每个组织提供的关于建议和好奇心的指导，你就会明白他为什么会获此殊荣。

让-菲利普·克图瓦斯（Jean-Philippe Courtois）
微软全球市场及运营执行副总裁

  成为会带人的管理者以及学会被带是微软文化的核心部分，有才之士因此得以施展其才干并成长。迈克尔·邦吉·斯坦尼尔帮助我们认识带人，以及带人如何将成长心态融入我们的生活。

埃德加·沙因（Edgar H.Schein）
组织文化与组织心理学领域的开创者和奠基人

《建议陷阱》是一本十分有用的书。在对话中，我们总是以为自己知道对方所想和所求，本书用很多不同的方式告诉我们，这都是我们的误解。变得更加专心、好奇和谦逊是人们无法抗拒的处方，而这本书提供了很好的例证。

莉兹·怀斯曼（Liz Wiseman）
"全球50大管理思想家"
甲骨文公司（Oracle）前高管

《建议陷阱》一语道破天机：好的领导者不越俎代庖，其他人反而受益更多，但学会不越俎代庖不是一件容易的事情。幸运的是，面对这个挑战，迈克尔·邦吉·斯坦尼尔通过他非凡的智慧和清晰的思路，将原本艰难的改变变得非常简单。

杰米里·达罗克（Jeremy Darroch）
英国天空广播公司（British Sky Broadcasting）首席执行官

要让你的员工创造更多收益，你需要增强他们的能力和参与度，同时也要提高自己。做到这一点的一种好方法是减少建议并提供更多指导。

詹妮弗·佩洛（Jennifer Paylor）
IBM 公司前企业运营与服务培训主管

《建议陷阱》是官僚惰性的解毒剂。当我们将提建议作为默认的管理方式时，我们的影响力、自由度，甚至是生存状态都会因此受限。《建议陷阱》是你将人文关怀带回职场的指南，不读此书的人难以成为优秀的领导者。

戴维·B. 彼得森博士（David B. Peterson, PhD）
谷歌前领导力发展与执行教练总监

这真的是一本很精彩的书。我喜欢书中俏皮的风格，我相信这也是迈克尔的独特力量，他总能点明重点。《建议陷阱》也是一本非常实用的书，你可以在书中获得即用的实践指南，强烈推荐。

南希·杜阿尔特（Nancy Duarte）
演讲专家及演示设计师
杜阿尔特设计公司（Duarte, Inc.）首席执行官

我一直在寻找这样的一本书。以前很少有书会改变我，但是《建议陷阱》做到了，迈克尔·邦吉·斯坦尼尔让我的这种改变更加持久。

向珊莹（Sanyin Siang）
谷歌风投（GV）领导顾问
"全美十大商学院"杜克大学富卡商学院教授

如果你想与他人分享自己的智慧，但又想以一种可以真正帮助他人的方式来分享，请读这本书！《建议陷阱》回答了"为什么听起来有用的建议通常无法起到相应的作用"这个问题，能够让读者得到启发、获得成功。

关于作者

教练界的头号思想领袖

迈克尔·邦吉·斯坦尼尔致力于帮助世界各国组织将带人变成一种必要的领导能力。迈克尔是蜡笔盒公司（Box of Crayons）创始人，他的《关键7问》（*The Coaching Habit*）是21世纪最畅销的带人书籍，全球销量已超百万，并且获得了超过6 000个五星好评。

迈克尔·邦吉·斯坦尼尔
Michael Bungay Stainer

2019年，迈克尔被评为教练界的头号思想领袖（#1 Thought Leader），并且得到了"思想界的奥斯卡"——Thinkers50教练奖的提名。自2014年以来迈克尔就获得了"全球教练大师"（Global Coaching Guru）的称号，也是历史上第 1 位"加拿大年度高管教练"。此外,他还曾是一名"罗德学者"①。

迈克尔是一位引人注目的演讲者,他的演讲融合了实用性、幽默,以及与观众前所未有的互动。他在全球各地演讲过,观众人数从 10 人到 1 万人不等。

在他的人生旅途中,发生过不少事情,这些同样是他人生故事中的重要部分,他曾经在劳动中被自己的铲子砸晕过,在法学院时他参演了滑稽短剧并由此精进了表演艺术,他还凭借一篇名为《男快递员》(The Male Delivery)的浪漫喜剧故事,赚到了人生中第一笔稿费。

蜡笔盒公司是一家致力于学习和发展的公司,通过为忙碌的经理和领导者提供有效的培训工具,来加强组织内部的领导力和文化。**我们相信,好奇心引领型的文化更有弹性、更能创新、更会成功**。我们会建立虚实结合的数字化项目来释放好奇心潜在的力量,为微软和古驰等公司及其客户培养好奇心引领的企业文化,以实现管理效能的持续和最大化。

---

① Rhodes Scholars,世界上竞争最激烈的奖学金之一,由英国政治家、商人塞西尔·罗德于 1902 年创设,获奖者被称为"罗德学者"。——译者注(下文中除非特别注明,注释皆为译者注)

提升	勇气 自信 谦虚 自我意识 自立 韧性 赋权能力	对于个人的影响

更强大的个人

提升	学习 自主 能力 胜任素质 关注 参与度 影响力	对于作为团队任务执行者的个人以及整个团队的影响

更好的表现

提升	敏捷能力 多样性 创新能力 参与度 改变的能力 韧性	对于组织的影响

好奇心引领型文化的优势

谨以此书献给

彼得·布洛克（Peter Block）
知名咨询公司顾问，超级畅销书作家

十多年前，他曾为我的作品《摆脱困境，开始行动》(*Get Unstuck & Get Going*)写过这样的推荐语："这无声地传达了一个信息……所有人都可以带人，它不是一种职业，而是一种与他人相处的方式。"

我们想使带人变得大众化，因为带人使我们保持好奇心，而保持好奇心是自我提升的源动力。

彼得是第一个让我认识到我的使命的人，我对此心存感激。

目录

**绪 言　如何驯服"建议怪兽"，
让自己更得心应手地带人？　　　1**

你的建议为何总是收效甚微？　　　2
"建议怪兽"对团队的四重伤害　　　5
养成带人习惯：大师级的经验与秘诀　　　11

第一部分　驯服"建议怪兽"

第 1 章　带人：简单的改变 vs. 艰难的改变　　　15
你需要一套全新的操作系统

修补现在，还是重塑未来？　　　21
卡普曼戏剧三角：让你错过长期收获　　　22
带人&启发　强化练习　　　25

第 2 章 "建议怪兽":如何驯服?   27
这是艰难改变,你得换种方式

3 个"建议怪兽"已挣脱牢笼   28
驯服你的"建议怪兽":4 个步骤   33
行为改变:同理心、正念与谦逊   43
带人&启发   强化练习   47

第二部分   保持好奇心

第 3 章 少说多问:你专属的工具箱   51
带人,是做减法

什么是带人?   52
带人的 3 个原则   55
7 个根本问题   56
3 种经典组合   59
8 种理想提问方式   62
带人&启发   强化练习   64

延伸阅读&大师进修班
启动自己,保持好奇心   67

第 4 章 破除障碍:关注真正挑战   73
提出焦点问题

障碍 1:操之过急   75
障碍 2:焦点偏离   77

障碍 3：妥协		79
障碍 4：一发不可收拾的"爆米花"		82
障碍 5：假大空		85
障碍 6：长篇大论的"故事会"		86
帮助人们发现，应该面对的真正挑战		90
带人&启发　强化练习		94
延伸阅读&大师进修班		
日复一日地打卡和练习		95

第 5 章　封锁退路：使用 TERA 技巧　　101
提高参与互动的概率

TERA：开动大脑最聪明的部分	103
部族感：一起合作解决问题	105
预期感：揭露你的带人流程	107
地位感：突显对方的重要性	109
自主感：让对方主动去选择	113
带人&启发　强化练习	114
延伸阅读&大师进修班	
不能听凭运气，而要主动出击	117

第 6 章　日常互动：利用每一种渠道　　123
每一次互动都是带人的机会

面对面、视频和电话带人	124
邮件、社交平台和短信带人	125
面谈、会议和反馈带人	128
带人&启发　强化练习	132

延伸阅读&大师进修班
所有的学习都依靠反馈   135

第 7 章   克服担忧：不急于行动和建议   141
学习和改变的必经之路
你要愿意接受考验   143
驯服"建议怪兽"的时刻   144
带人&启发   强化练习   145
延伸阅读&大师进修班
你难以抗拒的"引诱"   147

第三部分   成为带人高手

第 8 章   保持慷慨：不局限于实物   155
欢迎和接受事物的开放心态
慷慨的沉默   156
慷慨的坦诚   157
慷慨的欣赏   158
带人&启发   强化练习   160

第 9 章   善于示弱：也愿意"被人带"   161
成为伟大带人者的前提
如何成为一个更好带的人？   164
带人&启发   强化练习   170

第 10 章　提出建议：活用 4 点策略　　　　　173
合适的时间，合适的方式

带人 & 启发　强化练习　　　　　176

结　语　"在舞台上赤身裸体"　　　　　177
走到边界，深呼吸，然后走出这个边界

致　谢　　　　　181

附　录　大饱眼福　　　　　185
额外干货　　　　　186
好书推荐　　　　　192

绪　　言

如何驯服"建议怪兽"，
让自己更得心应手地带人？

我上一本书《关键7问》，写的是普通人带普通人。书中介绍了7个让你学会带人的问题，以及提出这些问题最有效的方式。如果你还没有读过它，我可以告诉你，它的核心思想就是少说多问，则事半功倍。培养带人习惯就是要让好奇心保持得久一点点，不急于给出建议。

那本书卖出了120多万册，取得了巨大的成功，为世界各地的组织和国家所使用。事实证明，带人并保持好奇心比我们大多数人之前想象的要难。不管我们的出发点有多好，我们都喜欢提建议，并且乐此不疲。

一旦有人开始说话，我们本来计划保持的好奇心就会夺门而逃，而我们的"建议怪兽"从潜意识里冒出来，摩拳擦掌地宣告："我要为这次谈话增加一些价值！是的，我要这样做！"

建议陷阱

这就是"建议陷阱"——提建议是你默认的管理风格。我敢打赌,你已经落入了这个陷阱,你和他人的互动方式会是这样:

说 说 说 说 说 说 说 说 说 说 说 说 说 说
说 说 说 说 说 说 说 说 说 说 说 说 说 说
说 说 说 问 说 说 说 说 说 说 说 说 说 说
说 说 说 说 说 说 说 说 说 说 说 说 说 说
说 说 说 说 说 说 说 说 说 说 说 说 说 说
说 说 说 说 说 说 说 说 说 说 说 问 说 说
说 说 说 说 说 说 说 说 说 说 说 说 说 说
说 说 说 说 说 说 说 说 说 说 说 说 说 说
说 说 说 问 说 说 说 说 说 说 说 说 说 说
说 说 说 说 说 说 说 说 说 说 说 说 说 说
说 说 说 说 说 说 说 说 说 说 说 说 说 说

你的建议为何总是收效甚微?

好吧,你的建议有时候还是管用的。过去的几天内,你可能刚给某人提过几个经过深思熟虑且管用的建议。但是,出于以下2个原因,你的建议经常会比你认为的更收效甚微。

做到谦逊,
保持好奇心
并且永久改变
你的领导方式。

Be Humble,
Stay Curious & Change
the Way You Lead Forever.

建议陷阱

你解决的是错误的问题

很多情况下,你在为错误的问题提供见解和解决方案。你被骗了,你相信你遇到的第一个问题就是真正的挑战,事实很少如此。但因为我们的过度热心,和提供帮助并准备投入行动的渴望,我们喜欢一头扎进第一个出现的问题里,即便它不是真正需要解决的问题。

此时此刻,在你的整个组织里,由于领导者的好奇心不持久,未能找出真正的挑战,大家只能在一些非关键的事情上忙里忙外。急于建议是在浪费金钱、资源、精力和生命。

你提供的解决方案是中下策

假设你避开了第一个错误,你发现自己正在应对真正的挑战。你用了一些时间来找出真正需要解决的问题,而不是试图解决碰到的第一个问题。恭喜你,做得不错。

然而不幸的是,你给出的一系列解决方案远不如你想的那么好。出现这种情况自有它的原因。首先,你对事情没有全面的了解。你只掌握了少部分事实,而大部分是你先入为主的观念,很容易就变得肆意臆断。

你以为你了解正在发生的事情。你的大脑天生就倾向于寻找模式和建立关联,让你确信自己了解正在发生的事情。相信我,你不了解。你得到的是一分事实,六分臆测。

绪 言

再加上你的自利性偏见[①]，这就无怪乎你这么喜欢提建议：你的每一个建议可都是金玉良言！举个例子，或许你还以为你车开得也比一般人都好。

除此之外，还要加上"先想到者先行"（first-idea-itis）的组织特征：先实施想到的第一个听起来不太奇怪且可行的解决方案。对事情没有全面的了解、自利性偏见、时限压力、怕自己给出的建议说不通的焦虑以及稳妥选择带来的安逸导致了这种组织特性的产生。

最终，这会让人们不愿探讨更多更好的选择，而是选择了第一个毫无新意的主意，而这个主意几乎从来不是最好的选择。但这还不算完，陷入建议陷阱的后果远比未能成功解决问题带来的临时挫败感要严重得多。

"建议怪兽"对团队的四重伤害

陷入建议陷阱的真正代价，是导致不正常的工作模式在个人之间、团队内部和组织内部反复出现。国际著名的领导力培训公司曾格福克曼公司（Zenger Folkman）的乔·福克曼（Joe Folkman）发现，那些酷爱提建议的领导"抗拒他人的反馈，不

[①] self-serving bias，科学家将过度相信"自己的主意是最好的"这种倾向称为自利性偏见。

一个人聪明与否
看他的回答，
一个人智慧与否
看他的提问。

1988 年诺贝尔文学奖得主
纳吉布·马哈富兹

You can tell whether

a man is clever by his answers.

You can tell whether

a man is wise by his questions.

Naguib Mahfouz

太讨人喜欢，也不善于培养他人。"与此类似，领导力研究员莉兹·怀斯曼（Liz Wiseman）发现，好奇心即喜欢提问和想带人，是有影响力的领导者与那些没有影响力的领导者最大的区别。

莉兹·怀斯曼的研究重点是"倍增领导者"（Multipliers），即那些利用自己的智慧来放大周围人的智慧和能力的领导者。她告诉我，"当倍增领导者走进房间时，会让人们头顶上的灯泡都为之失色；想法因此得以产生，问题得以解决。"这些领导者激励员工竭尽全力，实现超出预期的结果。好奇心作为领导者的核心行为有多重要？丽兹的回复非常好，我不得不引用全文：

> 在我评估的倍增领导者和削弱领导者（Diminisher）的48种行为中，我发现求知欲最能区分这两种领导者的特征。而且，倍增领导者团队得到的能力通常是削弱领导者团队的两倍。
>
> 当公司高管询问他们怎样确认聘用到的是不是倍增领导者时，我会告诉他们，"就看这个人有没有求知欲"，因为其他的领导行为，比如提出好的问题、倾听、指导和挑战他人，都是从求知欲衍生出去的。求知欲是好的领导行为的干细胞。

而当提建议成为领导者的主导管理模式时，将带来以下 4 个方面的危害。

让建议接受者失去动力

在《驱动力》（*Drive*）一书中，丹尼尔·H. 平克（Daniel H. Pink）清晰地阐述了激励人们的三种驱动力：自主性、掌控力和使命感。如果有人不断地接受别人的建议，却没有办法分享自己的想法，他们的自主性和掌控力无疑会被削弱，他们的使命感也大抵如此。

被人告知怎么去做——即使建议者出于最好的初衷，这都暗示着建议接受者之所以在这工作，不是因为他们具备思考能力，而仅仅是因为他们具备执行别人想法的能力。他们当然不会因此感到鼓舞，进而在工作中展示最好的自己，去发挥他们的创造力、奉献精神和能力，承担领导责任，尝试新事物。

如果你领导这些人，你会发现自己领导的是一个过度依赖的团队，一个什么事都找你的团队，一个放弃了自力更生和自主权，只为换取一份工资的团队。

让建议者自己不堪重负

你给的建议很有可能让别人失去动力，因为你的建议并非他人所需，也不如你所想的那样完美，这暂且不论。按捺不住提建议的冲动，意味着你在给自己原本就忙得不可开交的工作平添不必要的任务和责任。你不仅在做自己的分内事，你还替别人把他们的分内事也做了。后果显而易见，你再也没有时间和空间去做真正能够带来改变的事情。

当你发现自己陷入这种不堪重负的境地时，很有可能你已经变成了其他人的瓶颈。太多的信息和控制权堵塞在你这里，这又反映了第一个方面的危害：建议陷阱让建议接受者失去动力，因为他们没有机会承担本应属于他们的责任和履行本应属于他们的义务。

牺牲团队效率

陷入建议陷阱不仅会损害建议者和建议接受者，还会损害整个团队。一个由缺乏动力的建议接受者和不堪重负的建议者组成的团队，很难发现和关注真正的挑战。整个团队热火朝天地忙着，但不一定有效协同、有所成效，在做的事情也改变不了什么，也没有人清楚自己的责任到底是什么。建议陷阱导致 1+1>2 的团队效能无法实现。

限制组织变化

高层领导者不仅要对其直接下属团队的工作效率负责，他们还需要部署本组织的雄伟宏图和战略重点。当今世界的组织无时建议陷阱：
我们不停地给出建议，
却收效甚微。

The advice trap:
We keep giving advice even though
it doesn't work that well.

绪　言

无刻不在经历变革，高层领导者需要足够灵活，才能适应变化，预见组织的未来。

而建议强迫症（Advice-Giving Habit）破坏了这一切。它会导致浪费，侵蚀创新，减少取得更大成功的可能。它降低你自己的灵活性，危及你的员工的参与度和抱负。"建议怪兽"会固化等级制度和流程，让你安常守故，让你的组织裹足不前。

养成带人习惯：大师级的经验与秘诀

《建议陷阱》一书前承《关键7问》，但更侧重"如何"变得更会带人。本书是一部指南或剧本，带你深入探究需要做什么才能改变一个人的行为，来帮助你在日常生活中进行练习和实践。

第一部分　深入探讨了如何改变你的行为方式，以及为什么克服建议强迫症如此艰难。我们将学习如何驯服你的"建议怪兽"，这个过程有4步，包括怎样理解简单的改变（Easy Change）与艰难的改变（Hard Change）。

要改变你的行为，你必须克服一些障碍，这些障碍让你的行为方式一成不变，让你在舒适区中困顿不前。我们将看到这种行为方式的转变将如何成就你未来的领导力。

第二部分　提供了更具体、更精确的技巧来帮助你更长时间地保持好奇心，帮助你把带人变成一种有力的、日常的领导行为。

建议陷阱

在这些技巧之间穿插着一些大师经验，借助来自诺贝尔奖获得者、世界冠军运动员、好莱坞大片主演等人的真知灼见，你会懂得如何运用这些技巧。

第三部分 帮助你养成带人习惯。首先，我会分享带人的一些大师级秘诀，尤其是变得慷慨。接着，我会让你转换角色，做一个好带的人，逼你练习"弱势"。当不是你向别人提问而是别人问你的时候，你要如何做才能充分利用时间？最后，一个大师级秘诀就是持续学习，你有机会向更多的老师学习，其中不乏享誉世界的教练和领导力专家。

> 🔔 **友情提醒**：想要摆脱建议陷阱并驯服你的"建议怪兽"并不容易。你要从根本上改变你多年来面对这个世界的方式。但这不是问题，这本书和你养成新习惯的决心，让你有机会永久地改变自己的领导方式。

我们的旅程即将开始。

噢，还有一点。决定写一本建议别人如何少提建议的书，这里面的讽刺意味我了然于胸。让我们拥抱悖论的智慧，存而不论。

第一部分

驯服
"建议怪兽"

为什么你摆弄新手机
易如反掌,
坚持自己的目标
却难上加难?

....

Why it's easy(ish) to
figure out your new phone,
but hard to keep your resolutions?

第 1 章

带人：
简单的改变 vs. 艰难的改变
你需要一套全新的操作系统

....

安于现状会让现在的你短期受益，
但未来的你将因此错过长期收获。
当你直面艰难的改变时，你在昭告天下，
你选择了更丰厚的、更长期的奖励，
你希望未来的你拥有这份奖励。

建议陷阱

大家都说："改变是件困难的事情。"坦率地说，大多数时候并没有那么困难。在你的生活里，你学会了不少东西，也改变了不少东西。怎么用流媒体看电影和电视剧？是的，你学会了。开始一份新工作，并且很快就上手？当然。去上班的新路线、工作所需的新技能、一段新的关系……开始时你对它们一无所知，你摸索，加以练习，变得更加熟练，最终你得心应手。这些改变是简单的改变（见图1.1），你很在行。

然而，还有艰难的改变（见图1.2），它们更加棘手。对于艰难的改变，也许你曾成功过，也挣扎和失败过。如果你曾经许过某个新年愿望，那么你会很有感触。你一年又一年地重复着一个愿望，但就是无法实现，这种改变可以算是一种艰难的挑战了。如果无论你多么努力地尝试改善，你的年度绩效评估仍然没有起色，也意味着这种改变对你的挑战极大。

第 1 章 带人：简单的改变 vs. 艰难的改变
你需要一套全新的操作系统

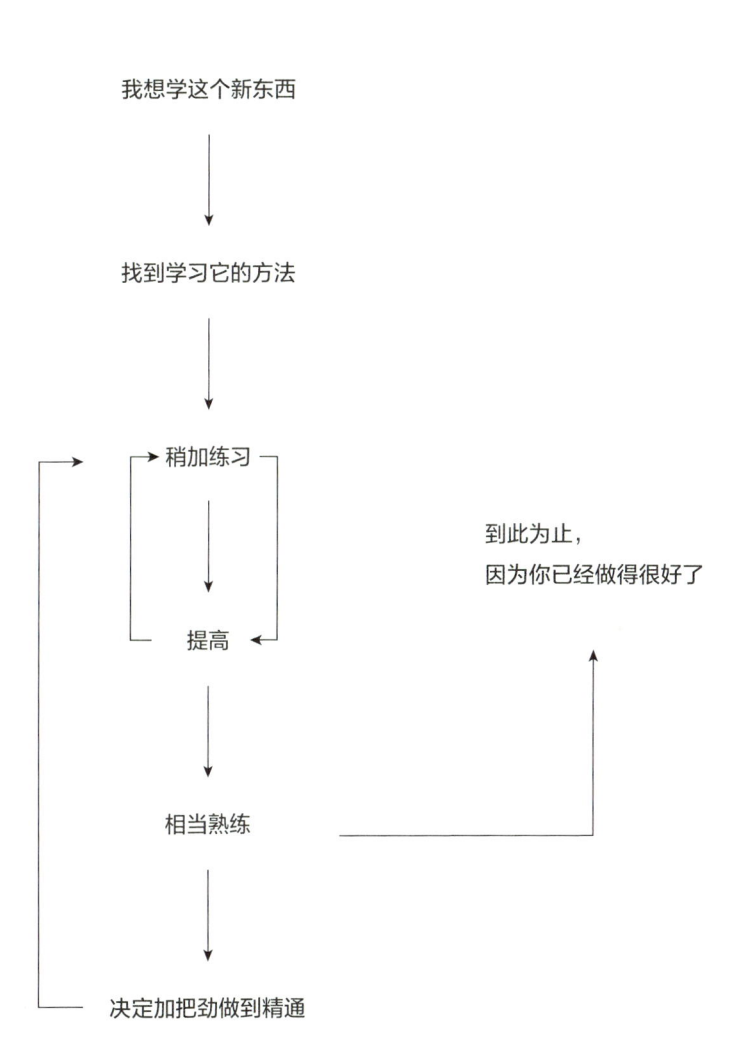

我想学这个新东西

↓

找到学习它的方法

↓

稍加练习 → 提高

↓

相当熟练 —— 到此为止，因为你已经做得很好了

↓

决定加把劲做到精通

图 1.1 简单的改变

建议陷阱

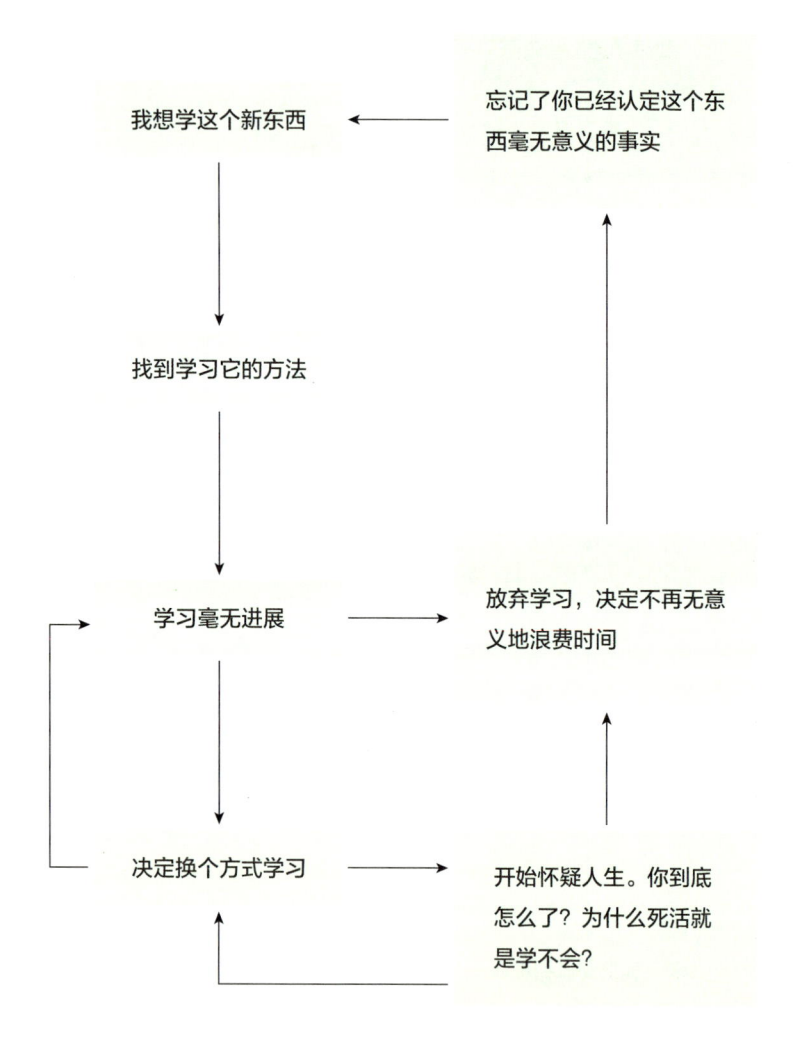

```
我想学这个新东西  ←──────  忘记了你已经认定这个东
        │                    西毫无意义的事实
        ↓                           ↑
   找到学习它的方法                  │
        │                           │
        ↓                           │
   学习毫无进展  ─────→  放弃学习，决定不再无意
        ↑                 义地浪费时间
        │                           ↑
        │                           │
        ↓                           │
   决定换个方式学习 ─────→ 开始怀疑人生。你到底
        ↑                   怎么了？为什么死活就
        └───────────────────是学不会？
```

图 1.2　艰难的改变

艰难的改变：
你需要的不是新的应用程序；
你需要全新的操作系统。

....

Hard Change:
You don't need a new app;
you need a new operating system.

如果你难以自制地、无休无止地做一件让你的另一半为之抓狂的事情，你但凡想要改变，挑战性也不小。

相对来说，简单的改变一目了然，你可以看到问题所在并找到解决方案。这些解决方案唾手可得：搞清楚你需要什么，照你一直处理问题的方式按方抓药就好。这跟在你手机上下载一个新应用程序没什么两样。

艰难的改变更加困难，因为针对简单的改变所提出的解决方案对它不起作用，这让人沮丧。尽管你三番五次地尝试运用这些解决方案，但就像你手机里安装了一堆不用的应用程序一样，你真正需要的是安装一套全新的操作系统。

对于少数人来说，带人是简单的改变。这些幸运的人给我写信，告诉我："拜读过您的《关键7问》之后，我改变了领导方式。这真的是个奇迹！"我喜欢收到这样的电子邮件，但问题就在这里。我也知道，大多数人并没有经历过这样的奇迹。当然，我用了很长时间才明白这点。

驯服你的"建议怪兽"属于艰难的改变，这毋庸置疑。面对艰难的改变，即使我教给你最好的带人技巧，也帮不上什么大忙。要让这些技巧变得对你真正有用，你必须成功地理解要做到会带人，你需要做出的艰难改变是什么。

这本质上是一场现在的你与未来的你之间的战争。

第 1 章　带人：简单的改变 vs. 艰难的改变
你需要一套全新的操作系统

修补现在，还是重塑未来？

简单的改变只是稍微改装现在的你，而艰难的改变会重新塑造未来的你，这是著名的棉花糖实验（marshmallow test）的成人版。在经典的棉花糖实验中，研究人员会给孩子们一颗棉花糖，然后让孩子做出选择：15 分钟不吃这颗棉花糖，你就会得到第二颗棉花糖，未来的你赢了！或者直接吃掉第一颗棉花糖，你尝到了甜头，但是未来的你输了。

棉花糖实验是一种心理测试，它超越了学术界的圈子，进入了公众的视野。你可以找到很多与此相关视频，在这些视频中孩子们盯着棉花糖看，试图抵制诱惑。我们所知道的是，那些抵制住了棉花糖诱惑的人更有可能获得各种各样的成功：更好的成绩、更棒的工作、更高的薪水等。

艰难的改变，是对在现在的你身上一些行之有效的东西说"不"。现在说"不"，是对未来回报的承诺说"好"。你在下一盘更大、更难的棋，你放长线钓大鱼，其间你会不断受到诱惑，你可以选择随时兑换已经赢到的筹码并全身而退，但你收获的只是一次短期的胜利。

而艰难的改变是你可能正在改变你的信仰、价值观、角色、社会关系以及你为人处世的方式，这个过程让人不舒服、很艰辛，但它将改变你的人生。

建议陷阱

在塑造未来的你的过程中，你一定会遭遇各种挫折。你一次次尝试却无济于事，让人感到沮丧和尴尬。毕竟，这不是你第一次意识到，提建议并不永远是最好的领导方式。你可能也认识到了提建议为什么不管用：要么是问题本身错了，要么是解决方案不对，要么是领导无方，又或兼而有之。

你能够认识到这些原因，是因为我们平时就是这样工作的。它们不停地重复，成为默认的工作方式，是因为你和"建议怪兽"一番缠斗后屈服了，打败了未来能够保持好奇心的你。

知道自己要会带人还不够，承诺做出改变也还不够。仅靠认识和承诺，还无法打破陈规，驯服"建议怪兽"。要做到这两点，我们首先要深入分析为什么我们喜欢当坏人。

卡普曼戏剧三角：让你错过长期收获

你惯用这种不正常的工作模式，因为它并不都是负面的。你能从这种行为中得到一些好处，一次即使并非你真正想要但唾手可得的小胜利，一个即使放弃未来的你和更大的胜利也要得到的、对现在的你的短期鼓励。这些小胜利对你来说就是"捡了芝麻，丢了西瓜"。

我在《关键7问》一书中引用过卡普曼戏剧三角（Karpman Drama Triangle, KDT）这个模型，它完美地体现了现在的你"捡

塑造未来的你，
而不是"修补"
现在的你。

....

Build out Future You,
rather than tinkering
with Present You.

建议陷阱

了芝麻，丢了西瓜"的情况。史蒂芬·卡普曼（Stephen Karpman）创立这个模型，用来解释"沟通分析"理论（transactional analysis）中的几种心理状态。卡普曼戏剧三角揭示了三种异常角色的日常模式：受害者（Victim）、虐待者（Persecutor）和拯救者（Rescuer）。

相信我，你在不同的时间，甚至可能就在过去 24 小时内扮演了卡普曼戏剧三角中的所有角色。当你扮演某个角色时，会产生短期的、有限的积极影响和长期的消极影响。

现在你来扮演受害者的角色。你付出了相当大的代价：你深陷困境，你无能为力，你牢骚满腹，你难过，你生气，你想赢得一个好名声却事与愿违……然而，"捡了芝麻，丢了西瓜"就是你把这种处境归咎于他人，觉得他们需要对你的现状负责，进而逃避责任，成为那些喜欢拯救受害者的人关注的焦点。

再看虐待者的角色。消极面：你沮丧、愤怒、喊叫、孤独、精疲力竭、不堪重负。你能怪罪别人把事情搞得一团糟，觉得自己比那些不得不一起共事的同事更优秀，维持一种一切都在你掌控中的幻觉，并且"理直气壮"地生气。

最后还有拯救者角色，绝大多数人能够快速对号入座的角色。你也会为此付出巨大的代价：你筋疲力尽，陷入了不得不四处奔走拯救全人类的困境中。

第 1 章　带人：简单的改变 vs. 艰难的改变
你需要一套全新的操作系统

你忙着拯救，却无法完成自己的工作。雪上加霜的是，你认为别人无法独立完成工作，因此你会把卡普曼戏剧三角常态化，制造出受害者和虐待者。你认为这是一种崇高的苦难，因为没有人感激你如何拯救他人、环境、团队、组织、世界，也没有人懂得欣赏你从干涉他人事情中获取的快乐，当然你也是为了他们好。

可以看出，你的每一个决定，都有相应的回报和代价，我的朋友马克·鲍登（Mark Bowden）将它们称为"奖励和惩罚"（Prizes & Punishments）。想要获得回报，就必须付出代价。

带人＆启发　强化练习

安于现状会让现在的你短期受益，但未来的你将因此错过长期收获。当你直面艰难的改变时，你在昭告天下，你选择了更丰厚的、更长期的奖励，你希望未来的你拥有这份奖励。

要成为一个重视领导力的未来的你，你需要驯服"建议怪兽"。对我们大多数人来说，这是一个艰难的改变。在接下来的篇章中，我会告诉你如何让这个艰难的改变变得容易一点。

本章对你最有用的内容是什么？

在你接着阅读之前,本章哪件或者几件事情是你希望记住的?

建议陷阱

好记性不如烂笔头,写下来。

第 2 章

"建议怪兽"：
如何驯服？
这是艰难改变，你得换种方式

....

"建议怪兽"是人性不可分割的一部分。
你没有办法彻底甩掉它，
但你能够驯服它，
这样它就不会让你做出既无益于自己，
也无益于他人的行为。

建议陷阱

3个"建议怪兽"已挣脱牢笼

我在澳大利亚长大,那时我和我的兄弟们有一个角色扮演盒。这个盒子很神奇,装着各种各样的小玩意,上衣、领带、帽子和大人们不要了的其他衣物,还有比如超人披风、面具、滑雪手套等类似的东西。借助它们,我可以不费吹灰之力地从一个超级英雄变成一名戴着珍珠项链、穿着高跟鞋、披着皮毛围巾的时髦火车售票员。

会角色扮演的人不只我一个。你的"建议怪兽"也会。事实上,它最喜欢扮演三个角色:倾诉者、拯救者和控制者。

倾诉者

"建议怪兽"扮演的最广为人知、最明显的角色是倾诉者。倾诉者让你相信,老板聘用你就是让你来提供问题的答案的;如

第 2 章 "建议怪兽"：如何驯服？
这是艰难改变，你得换种方式

果你给不出答案，你的工作就失败了。拥有答案是你给公司增加价值的唯一正道，也是别人认可你成功的唯一途径。

倾诉者的表现

- 每当时间紧张或者事情紧迫时必定出现。
- 假以权威、资历老、智慧之名，"我最懂"。
- 喜欢聚光灯。
- 想要你相信自己最懂。
- 群体行动：通常一个对话中的每个参与者都会表现出倾诉者的行为。

拯救者

你的"建议怪兽"喜欢扮演的第二个角色是拯救者。这个角色比倾诉者要低调一些，似乎也不那么自以为是，但它同样具有普遍性和破坏性。拯救者的伎俩是把你拉到一边，向你解释："说真的，如果不是你在辛苦维持局面，一切都会失败。你的工作是对每一个人、每一种情况、每一个结果完全负责。当有疑问的时候，要揽到你自己身上；当没有疑问的时候，也包在你身上。"

拯救者的表现

- 善于打着"我是在帮你"的幌子。

建议陷阱

- 当有可能冲突时，更容易出现。
- 有种壮士上刀山下油锅的悲壮感。
- 面对受害者角色时，一往无前、全速运转。
- 想要你相信自己是最负责任的那个人。

控制者

你的"建议怪兽"喜欢扮演的最后一个角色是控制者。这是三个角色中最狡猾的。它在幕后操纵，用一种温和、权威的语气让你确信，成功的唯一途径是始终保持控制。它让你相信，只要你能说了算，一切都是可控的。不要相信别人，不要授权别人，不要放弃控制。如果你放松哪怕是一点点的控制，灾难都会降临到每个人头上。

控制者的表现

- 随时都存在，但更加隐蔽，善于藏在幕后。
- 让你觉得自己高高在上、无所不能。
- 显而易见的控制欲，有时难以摆脱。
- 对授权别人惴惴不安。
- 希望你相信只有你才能阻止混乱。

我肯定，你认识"建议怪兽"扮演的三个角色，但某一特定的角色可能更经常出现在你的生活中。或许，你已经努力地将其

"建议怪兽"的三重人格：
倾诉者（Tell-It）
拯救者（Save-It）
控制者（Control-It）

The three personas of
the Advice Monster:
Tell-It, Save-It, Control-It.

建议陷阱

中的一个或者两个角色赶出了你自己的人生竞技场。有些角色只会在极其特定的情况才出现。我最擅长对付控制者这个角色,除了我跟我的一个兄弟在一起的时候,他总能击中我的软肋,好像有把特殊的钥匙,能够把我的控制者从牢笼中释放出来……

不管"建议怪兽"的三个角色中哪个是你的软肋,它们有着一样的DNA。一旦"建议怪兽"的缰绳没有拴紧,你就会坚信:

"我比别人强。"

留意你读到这句话时的反应。如果你难以接受这句话,你觉得我是在无事生非。这种反应再正常不过。

也许你马上就感觉到了这句话说对了,但你应该希望它错了。我也希望它错了。你正襟危坐,抱起双手、挑起眉毛,一副不解的样子,那么请你听清楚了,我没有说:

"你在说他们不够聪明、不够智慧、不够有韧性、不够有能力、不够称职、不够勇敢、不够有创意、不够道德、不够大方、不够值得信任,你在说他们不够好。你确实比别人强。你没有自我怀疑和不确定的时候。你没有大方、好奇的时候。你不尊重别人、不鼓励别人。"

事实上,我要说什么,你几乎一个字都没有猜对。

当你的"建议怪兽"挣脱了牢笼时,当你告诉别人该做什么时,当你把别人从他们自己手中解救下来时,当你牢牢地掌控局面时,你脑海里潜藏着这样的念头:"我比他们强。我更快、更聪明、更有经验、更有资历、更自信、更大声、更有创造力、更有策略、更正确……"

你这样说自己好的时候，也是在说他们不够好。他们不够聪明、不够高效、不够智慧、不够韧性、不够有能力、不够称职、不够勇敢、不够有创意、不够道德、不够大方、不够值得信任、不够……所以解决不了问题。总而言之，你觉得他们不够好。

他们不够好。

他们不够好。

说实话，要接受这一点是多么的不舒服，多么的难以为继，难于上青天。你有多么累，他们就有多么受打击。事实上，这对你们双方都是相当不人道的。

当你学会带人时，你就能打破这个怪圈。你可以释放，但不该打压他们的潜能。你得想办法驯服这头"建议怪兽"。这是艰难的改变，所以，很不幸，仅仅靠重复对自己说"阻止它、阻止它、阻止它"是不够的。你得换种方式。

驯服你的"建议怪兽"：4 个步骤

驯服，而非放逐、摧毁或者无情地消灭。"建议怪兽"是人性不可分割的一部分。它来自你想帮忙的意愿。

你没有办法彻底甩掉它，但你能够驯服它，这样它就不会让

建议陷阱

你做出既无益于自己也无益于他人的行为。

如果能直截了当地、快速地、简单地解决这个问题,那么它就只是个简单的改变,你也不会来这里寻找答案。

驯服"建议怪兽"需要自我反省和练习。我把这个过程分成4个步骤。

第1步:发现诱因

如果你不知道是什么刺激、激怒了你的"建议怪兽",你就无法驯服它。我们都知道,有些人天生就善于释放我们内心的"倾诉者怪兽""拯救者怪兽""控制者怪兽",而有些人无论做什么,我们都能够坦然处之。有时候把"建议怪兽"放出来的不是某种特定的人,而是某种特定的情形。在你能改变习惯之前,你必须知道诱因。它通常情况下是某种类型的人与某种情境的组合。

在下面你能看到一张有趣的组合表(见表2.1),你可以通过它来识别什么人和什么情境会诱发你的"建议怪兽"。你属于哪个组合呢?

从这个表中你能够看到,有很多情况会让你的"建议怪兽"张牙舞爪,要扯破笼子扑出来。只要你跟人打交道,这就不可避免。那么,哪个组合会诱发你的"建议怪兽"呢?准确定位一种特定的人和情况会对你很有帮助。

第 2 章 "建议怪兽"：如何驯服？
这是艰难改变，你得换种方式

表 2.1 诱发"建议怪兽"的人和情境组合

何种人	何种情境
职位比你高	你知道在发生什么的时候
职位不如你，或者跟你平级	你不知道在发生什么的时候
比你聪明、快速，或者更好	他们装无助或倒霉的时候
不如你聪明、快速，或者好	时间紧张的时候
你很了解的	模棱两可、不确定、缺乏数据的时候
你不怎么了解的	牵涉到办公室政治的时候
征求你意见的	你不同意的时候
不征求你意见的	涉及很多利益的时候
挑战你的	"某件事情"不断发生的时候
不挑战你的	他们不明白的时候
跟你有关的	他们重复犯同样的错的时候
完全陌生的	你自己做起来更容易的时候

你可以在下面把这种人和情境的名字写下来。

_____

_____

_____

_____

建议陷阱

第 2 步：承认

既然你知道了诱因是某种人或某种情境，你就能够清晰地认识你的"建议怪兽"行为。你的倾诉者、拯救者、控制者角色到底想要你做什么？有时候它们明目张胆，有时候遮遮掩掩。这时候你需要做的是承认自己的坏行为，这可能有点怪。虽然很有效，但还是有点怪。

> 🔔 **更多内容**：做到这一步的一些专业建议，深呼吸，尽可能地逼自己承认异常行为。联想第 1 步中的特定的人或情境，以便取得实效。

"建议怪兽"的行为远远不只过早地提出建议，它们在更广、更普遍范围存在，也更阴险。

以下是"建议怪兽"的一些常见行为。这列表并不全面，其中一些行为可能适用于不止一个角色。你可能会有其他的行为方式，但没有在列表里；如果是这样的话，请随意添加。

倾诉者的主要行为表现

- 一旦我脑中浮现想法、解决方案或建议，我就再也听不进去别人在说什么。
- 一有想法，我就脱口而出。
- 我给出的解决方案对他们而言是最好的。

第 2 章 "建议怪兽"：如何驯服？
这是艰难改变，你得换种方式

拯救者的主要行为表现

- 我从不过问他人的答案或解决方案。
- 我要为所有尴尬的沉默救场。
- 即使不是我的问题，我也把解决问题的责任揽到自己身上。

控制者的主要行为表现

- 一旦我不确定对话的走向时，我就会感到焦虑。
- 我从一开始就主导会议或谈话，结束时也由我做总结。
- 一旦我感觉事情走向稍微偏离方向时，我就加以纠正。

当你没有拴住自己的"建议怪兽"时，你都有哪些行为，请把它们记录下来。

_____
_____
_____
_____

第 3 步：奖励和惩罚

这一步有时候看起来像是在走弯路，但它对于管理艰难的改变的过程至关重要。明确你在第 2 步中所认知的行为的回报（奖励）和代价（惩罚）。坦白承认"某些你认为异常的事情会带来

建议陷阱

好处",感觉很奇怪,但这些好处确实存在。这些短期的好处确实曾经帮到了现在的你,但它们现在已经成为未来的你的障碍。这就是为什么你需要弄清楚未来的你将得到的惩罚和奖励,以便能够抵挡那些短期好处的诱惑。

现在你已经确定了你的"建议怪兽"现身的特定类型的人和特定情境。把镜头拉近,审视你能从你的行为中推测出的结果,好处和坏处都看看。

驯服你的"建议怪兽"是艰难的改变。你在这一步遇到的挑战,没有那么直接,却更深刻。通过承认那一步,你知道自己会在什么地方跌倒。现在,你可以问问自己:"我的'建议怪兽'行为给我带来什么奖励和惩罚呢?""我'捡了芝麻,丢了西瓜'的表现又是什么呢?"而不是暗地起誓,"这次我发誓,我真的不会再那样做了!"

你会发现这些奖励是短期的,可能当时你很受用,它们实际上是不可持续的。与之相应的惩罚使得这些奖励相形见绌,这就是为什么它们让你"捡了芝麻,丢了西瓜"。

又有哪些奖励和惩罚正中下怀呢?

倾诉者行为中的奖励和惩罚

奖励:在别人眼里,我总是能够通过我的想法"带来价值"。

惩罚:我认为自己"带来价值"的唯一途径是给出答案,

第 2 章 "建议怪兽"：如何驯服？
这是艰难改变，你得换种方式

这副担子很重。我让别人得不到表达想法的机会。

奖励：在别人看来，我是在座最聪明的人。

惩罚：我不允许别人比我聪明，这限制了团队的潜力。

奖励：我让事情得以快速推进。

惩罚：我并未花时间去弄清楚真正的挑战，导致了我们在错误的问题上浪费时间。

拯救者行为中的奖励和惩罚

奖励：我认为自己最知道对错。

惩罚：我不给任何人机会思考。我一直将解决问题的责任大包大揽在自己身上。

奖励：我认为自己是所有人中最负责任的那个。

惩罚：我认为没有人有我这样的责任感。我一直忙得焦头烂额，这足以说明我非常负责。我让其他人没有机会承担相应的责任。

奖励：我认为我能力无限，能够承担所有的事情。

惩罚：我一直不堪重负。我认为一切都必须经过自己把关、同意，事情才会顺利。我没有把战略重点放在最重要的事情上，我的团队也没有。

控制者行为中的奖励和惩罚

奖励：我掌控大局，因为我认为自己办事最稳妥。

你寻求建议,
这是一件多么符合人性,
又多么危险的事情!

美国传奇作家
亨特·S.汤普森

....

You ask advice:
ah, what a very human and
very dangerous thing to do!

Hunter S. Thompson

第 2 章 "建议怪兽"：如何驯服？
这是艰难改变，你得换种方式

惩罚：我认为其他人都不能掌控局面。我一人扛起掌握全局的责任。我这样做，别人肯定无法学会如何胜任自己的工作。

奖励：我让我们远离未知。

惩罚：我认为未知的就是危险的。我阻止大家探索新鲜、不一样的事物。

奖励：我保护大家不陷入混乱。

惩罚：我肩负永远保持警惕、保护大家不陷入混乱的责任。我不给别人管理他们自己工作的机会。

让我们继续 4 步走流程，写下你中招的一些奖励和惩罚。

_____
_____
_____
_____

你可以感觉到自己正在不断深入问题的本质。你看到了那些不言而喻或更深层的真相，看到了你在为当前的行为和观念付出怎么样的更深层的代价。这种自我认识本身就是艰难的改变的一部分。认识，一直是行为改变的先行者。

第 4 步：未来的你因现在而赢

从这开始，我们明白了为什么致力于改变行为，驯服你的"建议怪兽"，成为更好的你是值得的。从这开始，你会真正下定决心要成为自己心目中的那个未来的你。

如果你看不到未来的好处，你就很难改变自己的行为。除非你能确信到自己将变成龙，否则你很难奋身一跃跳过龙门。这种好处必须能够激起你的雄心壮志，企盼自己的才智有用武之地。你需要从心里感受到这种召唤。

现在我们到了问题的关键：你为什么要改变？即使你看到了你当前行为的奖励和惩罚，看到了未来的你的领导力，要改变仍然很难。你不仅要知道你正在摒弃什么，还要知道你将会拥抱什么。

那就是未来的你：更好地思考、更好地领导、更好地感受，更好的你。

我们来看看运用新领导方式的好处：

不做倾诉者，你能在未来得到的好处

- 我通过赋能他人而非建议"带来价值"。
- 我不必一直都有答案。我可以通过信赖别人做出贡献。
- 我仍然可以分享我的建议和智慧，但更深思熟虑、有选择性，而不是条件反射式的。

第 2 章 "建议怪兽"：如何驯服？
这是艰难改变，你得换种方式

不做拯救者，你能在未来得到的好处

- 我不必为所有人的人生负责。作为成年人，他们能够为自己的选择负责。
- 通过帮助别人做出决定，而不是替他们做决定，我能够给别人以支持。

不做控制者，你能在未来得到的好处

- 更少的控制，更多的赋能和参与。
- 我能够授人以渔，而非授人以鱼。
- 我能够拥抱未知，因为未知常常是竞争优势和创新的源泉。

写下未来的你最能受益的好处。

_____
_____
_____
_____

行为改变：同理心、正念与谦逊

如果你驯服了"建议怪兽"，你会去向何方？未来的你又在何处？如果你"彻底改变你的领导方式"，你将会成为怎样的人？

同理心：更好地认识他人的真实处境

正念：更好地认识你自己的真实处境

谦逊：更好地认识你自身

....

Empathy: A greater sense of what's real for the other person
Mindfulness: A greater sense of what's real about the situation
Humility: A greater sense of what's real about you

第 2 章 "建议怪兽":如何驯服?
这是艰难改变,你得换种方式

未来的你生活、工作起来会更有同理心、更有正念、更加谦逊。这些品质不会自动地让你变成一个"好人",它们让你更聪明、更有人情味、更有效率。"同理心""正念"和"谦逊"都是内涵丰富的词语,所以让我来为你解释一下。

同理心,并不是指心肠软、糊涂或一般意义上的"矫情"。它意味着要以他人为本,愿意设身处地、从他人立场思考问题。哲学家马丁·布伯(Martin Buber)谈到了两种关系:"物我"(I-It)和"你我"(I-Thou)。"物我"视角让你忽略对方作为人的宝贵部分。"你我"视角则充满了同理心,让你有机会保持和别人的联结。同理心让你对他人的真实处境有更深刻的感受和认识。

正念,不是说要你在蒲团上打坐冥想(尽管这件事可能是好事情)。正念是说你对周遭世界不要过度敏感。你在受到刺激和反应之间要短暂地停顿一下,让自己能够更主动地选择最好的处事方式。当诱发你的"建议怪兽"的事情发生时,你能够留意到它正在发生,你可以深呼吸,然后选择如何应对,这样就能避免成为"建议怪兽"的奴隶。正念意味着你对自己的处境有更深刻的感受和认识。

谦逊是用来对抗你"建议怪兽""我比别人强"基因的最好武器。谦逊不是说你要装作什么都不知道,也不是说你要低声下气或者把自己贬低到一文不值。"谦逊"(humble)的词源来自拉丁语,意为"地面",谦逊是说你要脚踏实地,这样你就

练习，反馈，
适应，重复。
练习，反馈，
适应，重复。

Practise, get feedback,
adapt, repeat.
Practise, get feedback,
adapt, repeat.

第2章 "建议怪兽"：如何驯服？
这是艰难改变，你得换种方式

知道自己的强项，也知道自己的弱项，你知道自己有智慧，也知道在座的各位都有智慧。谦逊意味着你要认识到过多的控制带来的影响会超出你的认知，意味着你很重要又没有那么重要。谦逊意味着你知道自己的声音不是唯一的声音，而且很可能不是最好的声音。谦虚让你能够对真实的自我有一个更加深刻的感受和认识。

> ✚ **更多内容**：这三种品质相辅相成。同理心增强正念，正念增强谦逊，谦逊增强同理心，如此循环。

带人&启发　强化练习

你已经知道了各种模式、奖励和惩罚。你知道为什么你愿意对"捡了芝麻，丢了西瓜"说"不"，开始变得更会带人。

但是知道是一回事，坚持练习又是另外一回事，前者再简单不过，而后者才是真正的挑战。

埃德蒙·希拉里（Edmund Hillary）和夏尔巴人丹增·诺尔盖（Tenzing Norgay）不是在抵达珠峰大本营的第二天一蹴而就登顶珠穆朗玛峰的。他们来来回回，上攻、下撤爬了7个星期，取得一些进展，适应环境，建立新的基准，暂时撤退，积蓄力量，继续前进到下一个营地，循环往复。算起来，从他们第一天出发到最后登顶，经历了 40 多次这样的循环。

行为改变也是如此。在登顶"换种方式行事"（Mt. Doing Things Differently）这座山的路上，你要进行大量的小尝试及安全的前进和下撤。前路漫漫，需要你练习，反馈，适应，重复。如此方能驯服你的"建议怪兽"，养成带人习惯。

下一章我将给你提供一些技巧，让你学会带人，保持好奇心，并且不急于行动和提出建议。我将好好利用《关键 7 问》中使用过的技巧——毕竟它们已经被验证过是管用的，同时我也会提供一些全新的技巧。下一部分也包括 5 次简短的"大师进修班"，可以供你练习，让你得以不断精进和提高。

在本章你学到的最有用的是什么？

你最想记住哪几件事情？

_____

_____

_____

_____

第二部分

保持
好奇心

你的工作，
就是保持好奇。

....

Your job is
to keep being curious.

第 3 章

少说多问：
你专属的工具箱
带人，是做减法

带人不再是神秘的"黑匣子"，
也不是某种高阶炼金术，
而是一组清晰而有用的技巧：
1 个定义、3 个原则、7 个问题、
3 种组合和 8 种提问方式。

建议陷阱

《关键7问》一书成功的秘诀在于它能够将复杂问题简单化。而在这本书里,带人不再是神秘的"黑匣子",也不是某种高阶炼金术,而是一组清晰、有用的技巧:1个定义、3个原则、7个问题、3种组合和8种提问方式。你也许已经读过这本书,如果你读过,甚至还在网上零售平台上写过评论,我会很感谢你。

成就未来的自己,你需要做出艰难的改变,运用这些技巧将帮助你如愿以偿地获得所需的带人技能。下面是这本书的精华。

什么是带人?

带人意味着你应该:

- 保持好奇心更久一点点。
- 不要急于行动和建议。

你的带人工具箱：
1 个定义，3 个原则，
7 个问题，3 种组合，
8 种提问方式。

Your Coaching Toolkit:
1 definition, 3 principles,
7 questions, 3 combinations,
8 ways to ask them well.

我们知道，准确的决策需要注意力的选择，这意味着你要搜寻与任务相关的信息，同时设法抑制不相关但却具有吸引力的刺激的干扰。这并不容易，而且决策错误经常发生，因为我们在注意力选择开始之前就已经开始积累干扰因素。

那么怎么样才能从中找到平衡呢？你需要延迟多久做决定，才能大大提高决策的准确性？对于这项研究的参与者来说，努力忽视一组干扰点的同时识别目标点的运动方向，这个任务既简单又困难。研究鼓励参与者追求准确度，这虽然让任务慢了下来，但却带来了截然不同的结果：50毫秒的延迟提高了75%的响应准确度。[1]

你要学会、练习带人这一行为，将它变成习惯。

带人关注过程，而非结果。当然，结果可以很棒，但我们更关注我们能够控制的，也就是我们的行为。

带人的定义并不是"永远不要提建议"或"只问问题"，这很不切实际。相反，它暗示了在你的工作里，提建议有一席之地，但却是一块过度发达的"肌肉"。你需要做的是训练另一块欠发达的"肌肉"：好奇心。

---

[1] 资料来源：T. Teichert, V.P. Ferrera, and J. Grinband(2014). "Humans optimize decision-making by delaying decision onset." PLOS One 9, no. 3, e89638. DOI: 10.1371/journal.pone.0089638.

第3章 少说多问：你专属的工具箱
带人，是做减法

带人的3个原则

我们来看看带人的3个原则，它们是带人行为的基础：

- 偷懒
- 保持好奇
- 坚持

偷懒无疑是最具有煽动性的原则。我很确定，你和周围的人一样努力工作。没有人能够一边无所事事，一边不断提升自己的地位。事实上，偷懒是典型的误导，因为带人实际上是很辛苦的工作。我所想要表达的是，在插手并尝试解决别人的问题这件事情上，你可以偷点懒，不再这样做。

保持好奇是根本原则，除此别无他途：如果你不保持好奇，你就不可能会带人。虽然我希望你偷点懒，但我也希望你努力保持好奇心，控制谈话的过程。驯服你的"建议怪兽"说的就是这个意思。

坚持是最基本的原则。它颠覆了带人的观念，带人不是临时的、体系化的、正式的事件。任何互动都可以做得更像在带人，因此这无非就是保持好奇心再久一点点的问题。在几乎所有的通信渠道中，比如会议、电话、简讯、办公软件，你都可以做到会带人。

建议陷阱

7个根本问题

践行以上3个原则，你只需要7个问题。诚然，这个世界上好问题不胜枚举，其中不少非常适合用来带人。但在《关键7问》中我为什么只选了7个呢？

其实，一开始的时候并非如此。在起初的稿件中，我选了不下100个自认为很棒的问题。如果真这样出版的话，它将是一本糟糕而乏味的书。这完美表现了"选择暴政"（the tyranny of choice）：太多的选择会使读者无所适从。

没办法，我只能忍痛割爱，将清单上的问题从超过100个陆续减少到21个、12个、5个，最后又加回到7个。7似乎是正确的数字，一组放之四海而皆准的核心问题。通过这7个问题，你可以做到四两拨千斤。

这些问题简短、直白，每个都不超过5秒。恰恰相反的是，要回答好它们，并不简单。

在问这些问题之前，你不会知道答案是什么。我们很容易去问一些为确认某一假设而设计的问题，或者能够得到我们所希望听到的答案的问题。这7个问题可不是这样，它们叩响的是未知之门。

如何发问并没有定式。你不必按照某个特定的顺序来。它们既可以各自为战，也可以任意顺序组合。

无聊的解药是好奇心,
而好奇心无药可解。

美国作家
多萝西·帕克

....

The cure for boredom is curiosity.

There is no cure for curiosity.

Dorothy Parker

开场问题:"最近有遇到什么问题吗?"(What is on your mind?)这是很多对话完美的开场方式,既开放又专注。

追加问题:"还有什么吗?"(And what else?)这是世界上最好的带人问题,因为回答者的第一个答案绝不是他们唯一的答案,也很少是他们最好的答案。

焦点问题:"你面临的真正挑战是什么?"(What is the real challenge here for you?)因为我们倾向于认为第一个挑战就是真正的挑战,因此浪费了太多的时间和精力去解决错误的问题。

基础问题:"什么是你想要的?"(What do you want?)要想行动方向明确、有的放矢,这是最好的起点。

战略问题:"如果你对这件事说了'好',那你必须对什么说'不'呢?"(If you are saying Yes to this, what must you say No to?)战略是做出勇敢的选择,这个问题会让承诺和机会成本一清二楚。

懒惰问题:"我可以如何帮助你?"(How can I help?)这是阻止我们"拯救"他人的最有力的问题。另一种提问方式是,"你希望我怎么帮你呢?"

学习问题:"对你而言什么最实用?"(What was most useful or valuable here for you?)成长不可言传,只能意会,靠他们自己领悟。

3 种经典组合

这 7 个问题本身都很好。但是在我们的生活中，有些东西注定要组合在一起使用，比如说面包和黄油，20 世纪 70 年代的戴瑞·霍尔（Daryl Hall）和约翰·奥兹（John Oates）二重唱组合，面包和奶酪，杜松子酒和奎宁水，面包、黄油和奶酪。好吧，我的确特别喜欢面包。对于前面的 7 个问题，我们有 3 种最佳组合。

专注组合

"你面临的真正挑战是什么？"

"还有呢？"

"还有呢？"

"你面临的真正挑战是什么？"

通过这 4 个问题的抽丝剥茧，你能接触到事情的本质。我发现，把最后一个问题放慢，让它听起来特别有分量，是一个很好的策略。

有始有终组合

"最近有遇到什么问题吗？"

将接下来的对话交给对方……

建议陷阱

"对你而言什么最实用？"

要把带人变成日常的领导行为，就必须快速而有效，也必须始终有力。通过开场问题打开话匣，让你立即进入真正有意义的对话。通过成长问题收尾，让对方以及你自己从对话中获取价值和见解，如果不提这个问题，你们会与这些价值和见解失之交臂。

最佳魔法组合

问一个开放性的问题，比如说"什么是你想要的？"，加上"还有什么吗？"。

不要以为，他们对你的问题给出了第一个答案，你的工作完事了。他们的第一答案极有可能就像卡布奇诺咖啡顶上的泡沫，好东西还在后头。在任何问题后随即跟进"还有什么吗？"，可以让你收获更多。

问题组合属于"黑带级"习惯。当你从只会问单个问题，进阶到使用问题组合时，就像从三速自行车换成了塞维罗公路竞速车，从优享经济舱升级到了商务舱。你开悟了：单个问题很好，问题组合更佳。

组合是掌握偷懒原则有效的方法之一。用组合就有点像用脚本一样，一切有章可循。而且当你不需要思考接下来说什么的时候，你可以专心致志，真正倾听。

单个问题，很好。
问题组合，更佳。

....

Single question good.
Combination questions better.

建议陷阱

8 种理想提问方式

知道问题是一回事，问好它是另一回事。这和带人相关的所有事情一样，既简单又困难。

一次只提一个问题。 可能你经历过"行进间抵近射击"式（drive-by questioning）的提问，别人一个问题接一个问题地向你狂轰滥炸，没给你回答的时间。这时候，你应该反其道而行之，每次选择一个问题来问。如果取得了效果，再问另外一个。但并不是所有的问题都能够"击中靶心"，如果没有效果，换一个问题。

不要客套，直奔问题。 如果你是撑竿跳运动员，你需要一条很长的跑道助跑来加速，以达到撑竿起跳和翻越的速度。而现实是大多数人都不是撑竿跳运动员。你不需要大量的背景、理由、套话来保持好奇。这些真的跟你无关，何不直奔主题，节省大家的时间。

认可得到的答案。 你不需要一字一句地重复对方所说，来证实你已经做到了"积极聆听"。没错，他们希望知道你有没有全神贯注地投入对话中，但一句"我明白了"或"我懂了"或"听起来问题不少"或"听起来确实很刺激/有挑战性/困难"就够了，简短而又让对方欣慰。关键不在于展示你能够聆听，而是让他们感受到自己正在被聆听。

你应该反问吗？ 一条腿的鸭子是不是会在水里绕圈？我也不

确定。但无论如何，不要问已经自带答案的问题，比如"你有没有想过……"或者"你考虑过……没有？"。这些不是问题，它们只是用问号伪装的建议。

坚持使用"什么"来发问。估计你已经注意到，这 7 个问题几乎全部使用的是"什么……"，这绝非碰巧。我们不用"为什么……"，因为它经常会引发防御性回答，也不用"怎么办……"，因为它会太快把对话推到行动导向和解决问题的阶段。"什么……"类型的问题植根于好奇心，用来帮助别人开拓新的思路，效果最佳。

学会沉默。不要因为谈话中出现几秒静寂的沉默而觉得尴尬、不安，这样会打扰对方思考和回答你的问题。问完问题就闭嘴。对方总会把这沉默填补上。

用心聆听对方的回答。我知道，你对假装聆听非常在行：热情地点头示意你在听，并给予只言片语的鼓励，但实际上你大部分的注意力都在想自己的事。你必须专心致志，全身心地投入对话。聆听是一件稀有、慷慨的礼物。

利用一切渠道提问。不要觉得只有面对面的时候才能提问。你用到的任何渠道、电子邮件、电话、短信、甚至信鸽，都可以作为一个好问题的载体。与人在每一个渠道的每一次互动，都可以用来提升你的带人技巧，在每一种通信模式下你都可以学会保持好奇。

建议陷阱

带人＆启发　强化练习

以上 8 个提问方式，实际上就是带人 3 大原则——偷懒、保持好奇和坚持的具体表现。

仅仅了解这 8 个方式是不够的，你必须付诸行动。你需要选定一个你认为最重要的方式，先从它着手，积极地把它融入你的日常生活，一步一个脚印。

不管你以什么方式提问，这 8 个问题最终都起到一个作用：帮助你保持好奇。几乎所有的问题都要求你少做，而非反其道而行之（见图 3.1）。这关乎将事情优雅化和简单化的纪律。带人，是做减法。

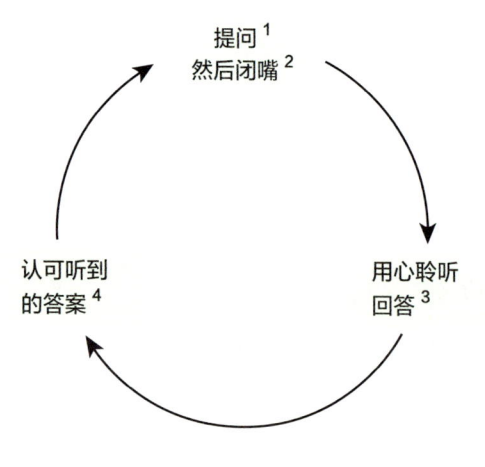

提问[1]
然后闭嘴[2]

用心聆听回答[3]

认可听到的答案[4]

图 3.1　带人提问流程

注：1. 不提假问题。2. 真的闭嘴。3. 不假装聆听。4. 不是通过给出建议认可。

第 3 章　少说多问：你专属的工具箱
带人，是做减法

本节你觉得最有用或最有价值的是什么？

你想从这一节记住什么？我鼓励你记下一两件你觉得重要的事情。

_____

_____

_____

_____

为成功
而启动自己。

....

Prime yourself

for success.

The Advice Trap
延伸阅读&大师进修班

启动自己,保持好奇心

建议陷阱

启动效应

观看奥运比赛时,你会注意到运动员们戴着耳机,蓄势待发,等待着比赛的开始。这不一定是因为他们喜欢听音乐,或者试图从观众的喧闹声中抽离。他们的主要目的是用音乐来调整自己的状态。当他们身体处于巅峰状态时,他们一直反复地听一些歌曲,这些歌曲形成了固定的播放列表。如此一来,每次他们听到这些音乐,身体就像巴甫洛夫的狗——条件反射地自动调整到了巅峰状态。

理查德·塞勒(Richard Thaler)因"对行为经济学的贡献"于2017年获得诺贝尔经济学奖。他与别人合著了《助推》(*Nudge*)一书,这本书讲述通过改善"选择结构"(choice architecture)来获得更好的结果。在该书中,他谈到了启动效应(priming):明显和不那么明显的暗示会触发不同的行为,从而获得更好的结果。我们都容易受到启动效应的影响,其程度远远超出你的想象。举

第 3 章 少说多问：你专属的工具箱
带人，是做减法

一个让人惊叹的例子：同样一杯葡萄酒，听着悠扬的维瓦尔第[①]（Antonio Lucio Vivaldi）喝它是一种味道，听着大气磅礴的瓦格纳[②]（Wilhelm Richard Wagner）喝它又是一种极其不同的味道。

一瓶葡萄酒：2006 年产自智利的赤霞珠（Cabernet Sauvignon）。

4 种不同类型的背景音乐：沉重有力（奥尔夫的《布兰诗歌》，"Carmina Burana" by Orff）；曼妙精致（柴可夫斯基《胡桃夹子》中的《花之圆舞曲》，"Waltz of the Flowers" from Tchaikovsky's Nutcracker）；清新愉悦（法国新浪潮乐队的《这还不够》，"Just Can't Get Enough" by Nouvelle Vague）；舒缓轻柔（迈克尔·布鲁克的《缓慢崩溃》，"Slow Breakdown" by Michael Brook）。

再加上一个喝酒时不听音乐的对照组。

在品鉴完红酒 5 分钟后，他们对刚喝到的红酒口感做出评价：醇厚有力、曼妙精致、清新愉悦、舒缓轻柔。关联非常明显：实验对象品酒时所听的音乐直接影响他们的口感。

这让我觉得我不能再听佩里·科莫[③]（Perry Como）的歌了。[④]

你可以利用这个认识来调整到带人的最佳状态。

[①] 意大利著名的作曲家、小提琴家。
[②] 德国浪漫主义音乐大师。
[③] 美国流行歌手。
[④] 资料来源：A. North (2011). "The effect of background music on the taste of wine." British Journal of Psychology 103, no. 3, 293–301.DOI: 10.1111/j.2044-8295.2011.02072.x.

建议陷阱

默念关键词

我跟我的连襟去打烛台保龄球[1]（Candlestick bowling）。烛台保龄球也是 10 个球瓶，但球瓶更小，球也更小、更滑。我的球不停地滑出球道，这让我很沮丧。在我启动自己后，局面得到了改善。我小声对自己说"轻点、轻点、再轻点"，很神奇，我不再觉得打烛台保龄球很难，从而提高了自己的准确度和得分。

如果你要开始或者已经在一段带人谈话中，又或者你发现"建议怪兽"在蠢蠢欲动，你需要提醒自己保持好奇。当然，你要选好对自己最管用的短语。可以是爱丽丝给你的灵感"越来越奇怪了"[2]（curiouser and curiouser），也可以是控制建议的冲动"慢点，慢点，再慢点"，还可以是你想要记住问的一个最好的问题"还有呢？还有呢？还有呢？"另外一个技巧是用"我很好奇……"开始一段对话，你瞧，你立马就学会了好奇。

在《关键 7 问》一书中，我引用了温斯顿·丘吉尔（Winston Churchill）的名言："我们塑造了建筑，而建筑也反过来影响了我们"（We shape our buildings, and afterwards our buildings shape us.）。关键词是通过塑造环境改变行为方式的一个具体例子，但你的思维可以更发散。

你该如何塑造环境，启动自己来保持好奇心呢？

---

[1] 保龄球的一种，球瓶与蜡烛相似。
[2]《爱丽丝仙境历险记》中的话语。

第 3 章 少说多问：你专属的工具箱
带人，是做减法

很多《关键 7 问》的读者告诉我，他们会把问题写下来，贴在电脑显示器上或者把它们带到会议上。我设计了自己的手机壳，上面印着"还有呢？"。想想你什么时候带人对话最多，规划这段时间，帮助自己变得更加好奇。

你要做的，
不是寻求解决方案，
而是着手找到挑战。

Your job is
to stop seeking the solutions
and start finding the challenges.

第 4 章

破除障碍：
关注真正挑战
提出焦点问题

> 我们的大脑总是在寻找最简单的出路。
> 幸运的是，我们可以利用神经科学来封锁退路，
> 让真正的挑战无所遁形。
> 人们只有投入时，
> 才有机会茁壮成长。

建议陷阱

有时候,你可以选择不参与游戏,不战而胜。建议陷阱会引诱你玩"给出最佳答案"的游戏。"永远有答案",它在你耳边低语,"这是你带来价值、拯救世界、掌控局面、避免失败的恐惧、展示自己品质的方式"。

你可以做帮助别人阐明关键问题的人,也可以做给错误问题提供草率答案的人。你更喜欢做哪种人?这不言自明。从现在开始,把你自己定位为能够帮助别人找到真正挑战的角色。这就要你坚持不懈:保持足够长时间的好奇,让对方得以认识、触及问题的核心。

在带人谈话中,会出现6种障碍,让人迷惑、无法找到真正的挑战。这些情况我也称之为"雾里看花"(Foggy-fiers),是种让你搞不清楚重点的谈话模式。

前两种障碍:"操之过急"和"焦点偏离",是带人者,也就是你可能掉入的陷阱。

第 4 章　破除障碍：关注真正挑战 提出焦点问题

至于其余几种模式，你会在你带的人身上看到，你需要帮他们纠正。

每一种障碍都不一样，但解决它们的方法有章可循。

首先，发现障碍。如果都没有发现它，谈何应对。

其次，实事求是。你并非是在小题大做，而是为了大家实事求是罢了。采用这种做法，障碍模式在你们面前就无所遁形了。

最后，不要随便问问题，针对不同模式的障碍提出焦点问题，拨开云雾见青天。

焦点问题是破除障碍的万能钥匙。不管是哪种障碍，"你面临的真正挑战是什么？"都是你的不二之选，不过，接下来我会告诉你，强调不同提问方式，意思会有微妙但又巨大的不同。

障碍 1：操之过急

表现：你问，"最近有遇到什么问题吗？"他们回答了你。多激动人心！你信以为真，照单全收。你高兴终于有些实实在在的东西，帮到别人的感觉真不错。唯一的问题是他们一开始说的事情很少是真正的挑战，从一开始就是错的。你急于求成了。

换句话说，你操之过急。

为什么它会分散你的注意力：挑战就在眼前！没错。他们都这样说了，它肯定是真的！更重要的是，毫无疑问，你立马有了

建议陷阱

一些如何应对、成功解决它的想法。"建议怪兽"的三重角色——倾诉者、拯救者、控制者，都在推动你操之过急。

记住：他们一开始告诉你的事情可能会有很多面孔，最有可能的答案、问题的出发点、不成熟的解决方案、像模像样的猜测、他们认为你认为是问题的问题、瞎猜、试探性的表述，但很少会是真正的挑战。

如果你保持好奇久一点，一定会有更实在、丰富、有用的事情等待你去解决。

如何破除障碍：记住，即便对方告诉你真正的挑战，再多花一两分钟去确认一下也无伤大雅。最糟糕的情况反而是你和对方都强烈一致地认为，你们已经关注到了真正的挑战。

使用专注组合，焦点问题加最佳魔法问题来承认还有更多东西可待挖掘。"还有什么吗？"扮演了"有一说一"的角色，因为这个问题实际上说的是："第一个挑战不是唯一的挑战。让我们再挖掘挖掘。"

你需要用到的带人习惯

当这种情况发生时：你问他们，"你有什么心事呢？"他们告诉你一件听起来貌似是挑战的事情。

你不应该：信以为真，并立即着手解决。

而是应该：保持好奇久一点，在最终总结"那么，你面临的

第4章 破除障碍：关注真正挑战
提出焦点问题

真正挑战是什么呢？"之前，使用专注组合提问，"还有什么（是你真正面临的挑战）呢？"

✚ **更多内容**：我通过新习惯公式（New Habit Formula），建立了《关键7问》一书的架构，破除这个障碍。你可以在这本书绪言，了解更多关于新习惯公式的内容。

障碍2：焦点偏离

表现：你肯定有过这种经历，你带的人开始谈另外一个人，那个疯狂、讨厌、令人沮丧的或有趣的别人。你附和着，"听起来他们确实如此！还有什么，都告诉我！"他们如你所愿地说给你听。然后，你提出了世界上最好的带人问题："还有什么呢？"如此一来，他们会继续跟你滔滔不绝地讲那个人的事情。很快，你不知不觉地就花费了5分钟、10分钟乃至40分钟，在听对方讲别人的事情上。

别人的故事或者处境会让你分神，产生错觉。你带人的时候，聚光灯应该一直在你所带的人身上。别被他们转移你的注意力，谈论无关他们自己的事情。别让他们像脱钩的鱼一样逃之夭夭。

为什么它会分散你的注意力：当焦点偏离时，你非但没有帮助你所带的人抽离迷局，反而自己也成为局中人。就像魔术师通过障眼法，转移了你的注意力，你带的人将你的注意力转移到貌似重要、但充其量就是个幌子的事情上，导致你无法关注他们身上真正的挑战。即使你运用了很多上佳的带人技巧和技能，富有同情心、保持好奇、用心聆听，你的注意力仍然在错误的事情上。实际上你反而助长了对方的异常行为。

记住：你带的人是这个正在与你谈话的人。你需要把话题引回至他们身上。不管他们在演什么戏，你要找出这种表现对他们的影响。

如何破除障碍：你要做的是把谈话焦点从别人身上拉回到与你正在互动的人身上。

首先，搞清楚是"建议怪兽"的哪个角色将你拉入了这种情况。很多时候是拯救者，你需要和它一决高下，否则你不可能从这种情况中脱身。

其次，承认发生在你带的人身上的事情。你的注意力回到你所带的人身上，并不代表你不关心与他打交道的那个人，以及那个人的遭遇，但你没有必要一字一句地重复你听到的每一个细节。事实上，那很招人烦。三言两语就够了，"这听起来确实困难/棘手/艰难/沮丧/恼火/其他合适的词"。然后告诉他们你要做的是什么：你要把焦点拉回到他们身上，"但是我感兴趣的是，这对你来说难在何处"。

这没有什么好奇怪的，直接上焦点问题："在这个问题上你面临的真正挑战是什么？"强调"你"这个字，是破除这个障碍的最好方法之一。

你需要用到的带人习惯

当这种情况发生时：你发现关注点出现了偏离，谈话的焦点在另外一个人或者其他棘手的情况上。

你不应该：放任谈话没完没了地继续，浪费时间收集一些不相关的信息。

而是应该：直言事情的真相："这种情况确实不好办，我也听懂了他们确实让人失望。但是我们今天谈的是你，而不是他们。"然后抛出焦点问题："你真正面临的挑战是什么？"

障碍3：妥协

表现：这次谈话还不算糟糕。对于没有经验的人来说，它看起来可能甚至还是一次很好的带人谈话。但是你从心里觉得，你俩都没有抓住重点。你感到不安，觉得有一个重要的问题需要关注，你猜它应该是棘手的、难以捕捉的，而不应该解决起来这么轻快、干脆、容易，你这种猜测不无道理。或许你路子走对了，但是还没有触及真正的挑战。更有可能的是，你们在谈的东西，并不是你们需要处理的最重要的事情。

你没有逼他们寻找真正的挑战，而是与他们一起妥协了。你退却了，觉得"这就可以了"。

为什么它会分散你的注意力：妥协可以让谈话保持舒服，在谈话变得更具挑战性也更有用之前刹车。双方心知肚明，你们没有触及真正的问题。

控制者在试图保持谈话稳妥。但你没有挑战他们，你也失去了挑战自己的机会。

记住：问题不会自己消失。当你跟某人妥协时，你是在与胆怯合谋。勇敢的做法不是去挽救谈话，让它变得简单或稳妥，而是一往无前地把它逼到真正的挑战所在之处。当你把目光转移到困难的事情上时，情况就变得明朗，而且通常会比你想象的更容易处理，它其实没那么可怕。人非圣贤，孰能无过。无论你直觉多强，你的人生经历赋予了你多少智慧，你还是可能犯错。所以要逼一逼，但请轻一点。

如何破除障碍：你注意到了谈话有些松散。你会觉得你们都在敷衍，而非在探讨真正重要的事情。

你不敢肯定他们没有在应对真正的挑战。这只是一个假设。除了你的经验和直觉之外，你还需要勇气和试探性的提问。需要勇气，是因为你愿意照亮那些原本可能藏在阴影中的东西。采用试探性提问，是因为如果你执意自己是对的，结果你错了，你们的关系可能会出现麻烦。

第4章 破除障碍：关注真正挑战
提出焦点问题

坚定勇气。你可以调整身体姿势摆出"勇敢的姿势"，而不是"逃避困难的姿势"。对我来说，那通常是坐得高一点，深呼吸，把肩膀往下沉。

说实话，要知道这个障碍比前述几个都更复杂一些。"我可能大错特错了，但我觉得我们可能还没有谈到真正的主题。是只有我这么认为，还是你也有同感？"

如果他们承认也有同感，那么这个话题或许没有那么紧张，你可以问焦点问题。强调"是"，"那么，对你来说，真正的挑战是什么？"

如果他们说没有同感，这绝对是需要谈论的事，你有两种选择。你要么同意并继续，要么验证你的假设。"或许你是对的，但请让我问你一件事。或许我的方向又错了。但我们应该探讨的会不会是这件事呢……"然后说出你认为的主题。

他们有可能再一次说"不是"，在这种情况下，你可能不想再逼他们了。但是，如果你提起另外一个话题，说不定给了他们机会谈论原本不知道从何谈起的事情。

你需要用到的带人习惯

当这种情况发生时：你注意到你们已经开始妥协，逃避真正的问题。

你不应该：放任谈话在无关紧要的事情上继续下去。

而是应该：试着和他们确认一下，告诉他们正在发生的事情："我可能话不对题……"然后稍加变化地提出焦点问题："……但是这是你面临的真正挑战吗？"

如果他们还是抓不住问题所在，但你认为他们应该做到，你可以试探性地点出自己认为问题可能是什么。"我不确定，但是我想看看这件事情是不是值得研究一下。这会不会是你面临的真正挑战？"

障碍4：一发不可收拾的"爆米花"

表现：一连串的问题出现在一次谈话中。你问对方，"你有什么心事呢？"对方说出了一个接一个的问题，一大堆的问题跟爆米花一样蹦出来。

为什么它会分散你的注意力：你能感觉到谈话在飞快地失去控制。你问了一个简单的问题，然后对方一发不可收拾。面对着3个、7个或者15个问题，你从何入手？你怎么从这混乱中理出头绪？拯救者和控制者要乘虚而入了。

记住：一次只能解决一个问题，找出这些挑战中哪个最为重要。尽管开始抛出解决方案和想法确实很诱人，但你更大的胜利是帮助他们发现真正的问题，而不是针对错误的或者无关紧要的问题给出解决方案。

建议就像是
别人硬塞到你手里的
一大堆外币。
你要怎么处理它?

畅销书《我从未说过爱你》作者
瑞克・萨马德尔

....

Advice is like being handed a large
amount of foreign currency.
What do you do with it?

Rhik Samadder

建议陷阱

如何破除障碍：注意，你的"建议怪兽"想要你重掌谈话的控制权。跟它打个招呼，但是别把它放出牢笼。

记住，找出真正的挑战是他们的事情，而不是你的。你要做的是帮助他们变得更加擅长找出真正的挑战，让他们变得更加聪明、自信、自主。这对他们和你都有好处。

大声地说出你的所见所闻，总是对你们双方有所帮助的："你现在发现了一大堆挑战！"

然后抵挡住立即选择一个挑战入手的诱惑，让他们自己来做这件事。理所当然地采用焦点问题的这个变体："在所有的这些挑战中，哪一个才是你真正的挑战？"强调"一个"，你在要求他们做出选择。

你也可以试试其他变体，有可能更简短、快速："我们从哪里开始呢？""如果我们只能把重点放在其中一个挑战上，哪个挑战的影响最大呢？""哪一个挑战，如果得以解决，可能会让其他挑战不攻自破？"

你需要用到的带人习惯

当这种情况发生时：他们开始像爆米花一样往外蹦出一大堆挑战。

你不应该：直接一把抓住你认为能够最快、最轻松、最好应对的挑战。

而是应该：大声说出你的所见所闻："我们一次只能应对其中的一个挑战"，接着问他们，"你觉得哪个才是你面临的真正挑战呢？"让他们自己来做选择。

障碍 5：假大空

表现：你在做带人谈话，而且谈话也不乏味。你们谈论了一些事情和趋势。可能你多多少少关心所谈论的话题。谈话本身有趣，但对方没有把它具体到个人身上：谈话内容没有涉及"我"。如果你不能看穿这些泛泛而谈、都是"我们"和"他们"的假大空，丝毫没有关乎对方的利益，那么你就是被"假大空"了。

为什么它会分散你的注意力：这种谈话双方都舒服。你们走走过场，你问我答，交换了信息，但是没有收获任何新的见解、挑战或成长。谈话非常愉快，而且并非毫不相干，最重要的是，谈话非常稳妥，没出什么岔子。控制者最爱的就是这一点：没有任何扰乱。

记住：对情况做执行总结，有的是时间和地方，但不是在进行带人谈话的时候。只有你让对方不再用整体情况代替个人情况时，才会产生见解、投入和行动。

如何破除障碍：记住，你要做的是把对话从一般引导到具体，从抽象引导到个人。

建议陷阱

开始说出你发现的问题、解释正在发生的事情，这很有用。我可能会稍加变化地引导，"你说的很重要，但是层次还是太高，离你太远。"

利用焦点问题，这次将强调放在前面两个词："**你面临的**真正挑战是什么？"

随时注意谈话中的"我们"和"他们"所指。一旦出现，立刻揪出来："我听你谈论的是'我们'和'他们'，我想要知道关于你的事情。你面临的真正挑战是什么？"

你需要用到的带人习惯

当这种情况发生时：他们说一些高层次的假大空，主语和宾语为"我们"和"他们"，所讲述的挑战无关乎个人。

你不应该：放任谈话流于稳妥和普遍化。

而是应该：打断假大空，对正在发生的情况直言不讳，"虽然你说的很有意思，但是让我们来谈谈个人"。然后问他们焦点问题："你面临的真正挑战是什么？"

障碍 6：长篇大论的"故事会"

表现：想象一下，你坐在荷马（Homer）旁边，听这位伟大的诗人讲述奥德修斯（Odysseus）的故事是一件多么愉快的事

第4章　破除障碍：关注真正挑战
提出焦点问题

情，奥德修斯在特洛伊战争后，在漆黑的海上经历了无数艰难险阻，包括险些被独眼巨人（Cyclops）吃掉，喀耳刻[①]（Circe）的邪恶魔法，女妖塞壬（Siren）诱人迷惑的歌声，怪物卡律布狄斯（Charybdis）和斯库拉（Scylla）的围追堵截，女神卡吕普索（Calypso）的强行挽留，最终回到了深爱的妻子佩涅洛佩（Penelope）身边。这是个故事，史诗级的故事。

你现在没有时间听故事，但谈话的另一方想跟你讲故事。噢，话语无休无止，信息满天飞。你问过他们，"最近有遇到什么问题吗？"但你并不希望他们告诉你一切。他们告诉你很多细枝末节、官样文章。他们在给你开故事会。

然而，某种程度上，你好像在鼓励他们这样做！带人不就是要耐心聆听，鼓励对方讲吗？你不时地点头，看起来你对对方所说的内容感兴趣，有点担心，但更多的是关心。偶尔你还会通过"嗯嗯""告诉我更多"甚至"还有呢"这些短语助长他们讲故事的欲望。他们在积极地讲述，你在用心地聆听，但是你心里正无声地大喊："什么时候能完？！什么时候我们能说到点子上？！"

为什么它会分散你的注意力：当一个人开启讲故事模式时，对听的人来说，有几个层面很诱人。首先，我们喜欢好故事，掌握一点内幕和八卦，多好！其次，它让我们感觉，在带人这件事情上，我们做得很好。我们给他们空间和时间，我们全力用心聆

[①]希腊神话中的巫术女神，能把人变为牲畜。

建议陷阱

听,该做的我们都做了,我们甚至都不用太过于投入谈话。最后,也是最阴险的,它喂饱了"倾诉者怪兽",因为我们觉得了解越多细节,就越能够知道问题的答案。

因此,我们听故事的时候,正中对方下怀,同时也在滋养我们的"建议怪兽"。

记住:你不用知道太多具体情况,也能够把人带好(见图4.1)。事实上,有时候对问题的不知情反而是种优势,所谓旁观者清,因为你知道自己无法,也不需要从技术层面提出有用的解决方案。

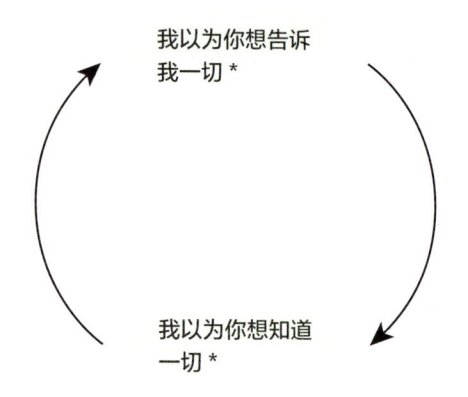

我以为你想告诉我一切 *

我以为你想知道一切 *

图 4.1 最终,没有人感兴趣

* 其实你不想。

而且很多时候,对方也不需要讲这个故事——毕竟他们对自己的情况烂熟于心。他们之所以跟你讲,是因为你看起来非常感

第4章 破除障碍：关注真正挑战
提出焦点问题

兴趣，他们在尽最大努力参与谈话，希望它对你有用。谈话就如此无休止进行，却永远无法触及问题的实质："你面临的真正挑战是什么？"

如何破除障碍：让我们承认，在这个障碍背后同样藏匿着一个"建议怪兽"。对于大多数人来说，这个"建议怪兽"是倾诉者：告诉我所有细节，这样我就可以给你一条绝妙的建议。

你必须阻止这种疯狂的故事模式。打断它！如果你不插手，你将面对的是一段没完没了的独白。打断的最好方法是什么？明确让他们知道你要打断。"我要稍微打断你一下。""我先让你说到这。"如果你们面对面或者在通过视频聊天，你也可以通过手势来表示你要打断谈话。

一旦他们中断谈话，你就告诉他们，谈话出了问题："我可以看出来，你说的事情很复杂。出于时间起见，我必须跟你直奔主题。"然后，用焦点问题找出事情的本质所在："说一千道一万，你面临的真正挑战是什么？"

如果他们绕回去讲故事，你可以重述这个问题，并且更有力度："我不需要知道所有细节。我最感兴趣的是你面临的真正挑战是什么？"

你需要用到的带人习惯

当这种情况发生时：他们在讲一个没有重点的故事。

建议陷阱

你不应该：继续假装你对他的故事感兴趣，并寄希望于事情得以自动解决。

而是应该：打断对方，直言当前情况，最后再问："你真正面临的挑战是什么？"

帮助人们发现，应该面对的真正挑战

不论是在萨斯卡通、悉尼、西雅图，还是在伦敦南部，在我向全球的经理和领导者讲述这些障碍时，大家问得最多的有4个问题。

如何知道我们找到了真正的挑战？ 你有没有看过西蒙·拜尔斯（Simone Biles）的跳马？这是力量凝聚的完美表现，你看她起跳，腾跃，转体，然后稳稳地落地。砸地的那种感觉——嘣！干脆利落！我们成功了！当你发现真正的挑战时，你也会有同样的感觉，唯一的区别就是你不用穿上运动员的紧身衣。当你们找到真正的挑战时，谈话双方都会有那种跳马成功落地的感觉。

但最好要确定。记住，你带人时需要学会偷点懒，所以不要只是一味地假设和坚持。和对方确认一下。你可以使用焦点问题，我们忠实的老朋友的变体："感觉这可能就是真正的挑战了，但是让我跟你再确认一遍，这是你面临的真正挑战吗？"

如果他们说是，那太好了，你们找到真正的挑战了。如果他发现障碍。

实事求是。

提出焦点问题。

....

Notice the Foggy-fier.

Say what you see.

Ask the Focus Question.

们说不是,也不算糟糕。你可以接着问他们,"好的,那么你面临的真正的挑战是什么呢?"如此继续你们的谈话。

当我们发现真正的挑战时,会发生什么? 发现真正的挑战可能会让人焦虑。你抽丝剥茧,挑战现出真身。这就像印第安纳·琼斯[①](Indiana Jones)终于找到了古老的遗迹时那样:短暂的敬畏,然后冒险继续。

通常会出现两种状况。第一,就是当他们发现真正的挑战时,立即知道需要做什么,如果是这样,那感觉很棒。你可以从他们脸上看到顿悟的瞬间,紧接着他们会用肢体语言呐喊:"我什么时候才能结束这场谈话,这样我才能真正开始行动!"这时候你需要暂时放下你的带人麦克风,让他们自己去一展身手。

第二,他们发现了真正的挑战,但是并没有马上就知道需要做什么。这时候,你需要抵挡立即介入、开始跟他们探讨解决方案的冲动。立刻帮助他们似乎是一件理所当然的事情,但不要去做。

相反,先用"貌似我们找到了真正的挑战"作为过渡,然后问他们基础问题:"现在……我能够怎么帮忙?你需要我做什么?"他们会告诉你他们的需求:帮助他们拿主意,让他们自己拿主意,等等。

如果最终我们没有找到真正的挑战呢? 这肯定会发生,但没

---

① 《夺宝奇兵》系列电影的主角。

第4章 破除障碍：关注真正挑战
提出焦点问题

有什么好担心。压制住你内心的"建议怪兽"，它一直向你灌输"第一次就必须对"的错误观念。

有可能你们找到了你认为真正的挑战，然而随着对话的展开，你暗自怀疑实际上这根本不是真正的挑战，你可以再次启动好奇模式。这种情况是障碍4的一个版本。

你应该明确指出来："让我确认一件事，我认为我们可能根本就没有找到真正的挑战"——看看他们是否同意你的看法。如果他们同意，回到你的问题："如果是这样的话，你面临的真正挑战是什么？"

我要问多少次"还有什么吗？" 焦虑的共同原因之一是"我已经问了太多次问题了。"当你使用专注组合，或者在每段谈话中都使用"还有什么吗？"的时候，你有可能产生这种顾虑。

首先，请记住，我们面临的最大问题是缺乏好奇心，而不是过分好奇。过度使用问题并不可怕。最坏也不过于他们告诉你："没有别的了！"这不代表失败，它只说明这个事情没什么好再问的了，那就换一个问题。

我发现我最常用的模式是问两次"还有什么吗？"，然后加上一次变体："还有别的吗？"最后这个问题给出了两种选择，结束对当前话题的询问，而如果这个话题值得深究的话，那就继续下去。

建议陷阱

带人&启发　强化练习

克服这 6 种障碍的技巧可以有效地帮助强化你正在经历的艰难的改变。你正在成为一个不一样的人,这个未来的你不再用必须一直有答案来定义你"带来的价值"。现在你知道,更有效地带来价值的途径是帮助人们发现他们应该面临的真正挑战。

但这并不完全取决于你。你要集中注意力,问问题,但你也需要他们在谈话中表现出最好的一面。这并不像听起来那么容易:我们的大脑总是在寻找最简单的出路。幸运的是,我们可以利用神经科学来封锁退路,让我们的谈话无所遁形。因为只有当人们投入时,他们才有机会茁壮成长。

在这一章,你学到的最有用的是什么?

本章我们学习了很多东西,你不太可能全部记住。那么,你想要记住什么呢?在下面记下一两个关键点。

_____
_____
_____
_____

The Advice Trap
延伸阅读&大师进修班

日复一日地打卡和练习

更加
连贯、迅速、干脆。

....

Tighter,
faster,
cleaner.

第4章　破除障碍：关注真正挑战 提出焦点问题

乔希·维茨金（Josh Waitzkin）作为国际象棋天才出道。他是《王者之旅》（*Searching for Bobby Fischer*）一书及同名好莱坞电影的主人公原型，多次赢得美国国际象棋冠军。我对国际象棋不感冒，所以我对他在这一项上的成就不感兴趣。

让我好奇的是，之后他跨界到武术太极拳，并且在这个与国际象棋南辕北辙的领域中成为世界冠军。更绝的是，他对元游戏（meta-game），也就是如何精通游戏的过程感兴趣，并写入《学习之道》（*The Art of Learning*）一书。

在书中，他谈到"划小圈"（making small circles）这个方法。乔希·维茨金表示，在武术中，"划小圈"是通过放松髋关节或不断放松来转移身体重心等动作，以此来高度强化核心肌群，再通过不断重复和修正，直到你感受到核心肌群的完美形态和平衡。不断练习可以让你炉火纯青：随着你对每一招式的领悟日益加深，招式的威力也就日益强大。

建议陷阱

学会带人不是让你练习五步穿心掌（Five Point Palm Exploding Heart technique），至少不应该这么玄乎。但记住下面两件事会对你很有帮助。

深度练习

在《关键7问》一书中我谈到了丹尼尔·科伊尔（Daniel Coyle）提出的"深度练习"（deep practice）的概念。它与乔希·维茨金的见解相同：把一件大事情分解成更小的组成部分，用心去练习每一个部分。

为了更好地发球，丹尼尔·科伊尔不会建议你直接练习发球，而是应该分解发球的动作，分开练习弹球，抛球，挥拍击球。练习每一个动作。加速练习、慢速练习，以及各种改进，再将每一步动作进一步拆分。

这种见解的本质是选择你想要练习的核心内容。我们的雄心壮志让这变得很困难：我们想要马上在整件事情上做得更好。但一口吃不成胖子，你得先选其中一件事来练习。

可以是如何问"还有呢？"也可以是在强调问题"你面临的真正挑战是什么？"中不同的字眼时，学会掌握其中微妙的差异。还可以是其他的带人技巧。但请选择一件，然后不停地加以练习。

第 4 章　破除障碍：关注真正挑战
提出焦点问题

一万小时定律

你可能听说过马尔科姆·格拉德威尔（Malcolm Gladwell）推广的"一万小时定律"（10 000 hours to mastery）。你估计也听说过关于多久能够养成一种习惯的传闻。21 天、66 天、还是更久？"要多长时间才能……"很容易让人联想到骗点击量的标题党，引发讨论、揭秘、重新包装再炒一下热度。真相是这个问题就不应该问。

事实证明，精通一件事情根本不是一天两天的事情，而是持之以恒的事情。你做得越多，特别是如果你有意识地做深层练习，神经通路就会越活跃，你的习惯也会变得越持久。

练习是把认识（你想要改变）和新的行为方式（你想要改变什么）转化为养成新行为的黄金标准。如果你想驯服你的"建议怪兽"，如果你想养成你的带人习惯，你就必须日复一日地打卡和练习。说简单也简单，说它难也难。

持之以恒
比三天打鱼
两天晒网重要。

畅销书《幸福断舍离》作者
全球习惯和幸福研究领域专家
格雷琴·鲁宾

What you do every day
matters more than
what you do once in a while.

Gretchen Rubin

第 5 章

封锁退路:
使用 TERA 技巧
提高参与互动的概率

当谈话变得棘手时,
大脑就开始想让你夺路而逃。
坏消息,是任何谈话都是棘手的,
或者随时可能变得棘手起来。

你要做的
是让他们保持谈话。

....

Your job is

to keep them in the conversation.

第 5 章　封锁退路：使用 TERA 技巧
提高参与互动的概率

TERA：开动大脑最聪明的部分

当谈话变得棘手时，大脑就开始想让你夺路而逃。坏消息是任何谈话都是棘手的，或者随时可能变得棘手起来。

出于生存需要，大脑天生就是悲观的。它每 5 秒就自动检查一次现状，看看有什么事情需要担心。当出现任何不一致的情况和消极因素时，它会发出警报："糟糕！赶紧撤退！"

这种撤退可能体现为采取战斗、逃跑或一动不动的形式；在谈话中，可以表现为对方心不在焉或"神游物外"。在这种状态下，情况似乎更黑白分明，对方正处于生存模式而不是创造模式，甚至有可能跟你对立。

简而言之，他们绝对没有在跟你掏心窝子谈话，你再好的带人技巧都要失灵了。

抵挡建议的冲动，给对方思考的空间，找到真正的挑战，提高注意力。那么，我们如何才能使我们的互动更有吸引力、更安全、更有益呢？

在《关键7问》一书中，我介绍了TERA，一种理解和操纵神经系统的方法。TERA是大脑判断某个情境是否安全的4种驱动因素的英文首字母缩写：

部族感（Tribe）："你是支持我，还是反对我？"
预期感（Expectation）："我知道将要发生什么吗？"
地位感（Rank）："你地位比我高还是低？"
自主感（Autonomy）："这件事情上，我有没有发言权？"

当TERA系数高的时候，大脑会判断情况很安全，人们乘势而为，开动大脑中最聪明的部分，明察秋毫，积极主动，全力以赴。

为了提高参与互动的概率，我们使用TERA技巧来封锁谈话退路，这样对方就不得不保持与你的谈话。这4种驱动因素中的每一种都以一个解决方案和一个核心挑战开始，然后在你所说或所做的具体事情中体现出来，这将提高TERA系数。

你可以在一对一的谈话中、在会议中，甚至在面对大的团体时使用这些技巧。在给成千上万的人做主题演讲时，我会时不时地使用TERA技巧让听众参与进来，吸引住他们的注意力。

TERA技巧正好能控制"倾诉者怪兽""拯救者怪兽""控制

者怪兽"。因为，一旦你没有拴牢"建议怪兽"，别人就会退出与你的谈话。

部族感：一起合作解决问题

大脑希望知道自己是跟朋友们在一起。它会问，"你是支持我，还是反对我？"如果感觉你照顾到了它的这个需求，它就觉得安全。因此，这时候你需要的解决方案是跟他们站在一起。解决方案能够揭示出一个核心挑战，用以增加部族感：我们之间有什么障碍需要我扫除？

字面的、物理上的障碍最容易扫除。背后隐藏的障碍则更加微妙和普遍。扫除这些障碍之后，你就有了基础，通过你的话语和行为帮到对方。

试试这样说

问问题。你不是通过给出建议来体现自己的作为，而是和对方一起合作来解决问题。

说一些鼓励的话语，比如说"嗯""是的""好""不错""太棒了""对""对极了"。

寻找合适的机会来使用"我们"。但我们早就知道这一招了，不是吗？

建议陷阱

以关心对方个人情况开始一段谈话。我最喜欢的问题之一是"上周最让你高兴的事情是什么？"你还可以更进一步地询问："……最不高兴的呢？"

认同他们的感受。可以用一些简单的句子，比如说"这听起来很困难。"你不必对他们进行"心理治疗"或"望闻问切式的诊断"。

试试这样做

用肢体语言表示同意对方所说的话。迅速地点头、扬眉，都表示热情和赞同。

在得到对方同意的情况下，适当的身体接触如握手、拍肩或拍肘会增加一种联结的感觉。演讲时，我会在入口和人们握手以示欢迎。

展示共同的符号。在加拿大的一家银行里，所有的雇员都戴着一个带有该银行标志的绿色小徽章，这从本质上创造了一种部族感。

树立一个共同的敌人，这也可以产生共同的目标。当"我们反对他们"时，部族感自然就产生了。

API：正向意图假设（Assume Positive Intent）。如果你认为他们在全力以赴，你就不太可能感觉到"我在对阵他们"。

第 5 章 封锁退路：使用 TERA 技巧
提高参与互动的概率

什么会妨碍我们的部族感？

了解你为什么可能会抵制使用部族感和其他 TERA 系数的驱动因素，对你很有帮助。每一个选择伴随着奖励和惩罚，你帮助别人获得更多融入感时，也有付出代价。

当你想要增加某种情况下的部族感时，你惊扰了"建议怪兽"。"控制者怪兽"更是蠢蠢欲动。扫除障碍意味着减少控制，降低层级，减少确定性，增加脆弱性。

注意到这种抵制是有帮助的，别管它，继续你的试验。你可能会觉得有点不舒服，但也不至于发生什么糟糕的事情。好的一面是你带的人会变得更加聪明、投入，更加愿意承担他们的工作。

预期感：揭露你的带人流程

大脑希望知道将要发生什么。如果事情可预测，大脑就会觉得很安全。因此，当大脑有疑问的时候，你的解决方案应该是给他们展示未来。随之而来的是挑战：我怎么样能够看清前行的路，同时避免神秘感？

你可以通过创建一个个小的里程碑（提示目标）来实现这一点，这样他们可以把握自己的每一步进展。不要躲在幕后施展魔法，走到台前，把过程展示给他们看。同样，你可以通过语言和行动来做到。

建议陷阱

试试这样说

使用提示词,比如说:"让我问你一个问题……""我打断你一下……""我在这插句话,说一下我的想法……"。这些几乎都是潜意识地引导对方大脑去思考和了解在发生什么。

使用数字。"我们有 3 件事情要做。""我们需要提出 4 个想法。"

使用时间。"让我们用接下来的 5 分钟左右时间找到真正的挑战。""我们的谈话还剩 10 分钟。"

通过问题澄清。如果你不明白对方说了些什么,几乎可以肯定不只你一个人没明白。问一个问题来澄清,会让谈话中的所有人都轻松。

试试这样做

解释发生的过程。例如,"让我们花点时间深入挖掘,找到真正的挑战。"或者"我直奔主题了,你想要什么?"

创造大量的开始和结束,并解释其过程。这些标志表明上一段谈话已经结束,新一段的谈话即将开始。"我们已经明确了真正的挑战。现在,让我们就如何解决这个问题提出一些想法。"

创建有限的选择。选择是好的,但是过多的选择反而会让人无从着手。"你愿意在自助餐厅、我的办公室还是其他地方见面?"是一个既能给予选择,又不会被不确定性淹没的例子。

升华层次。从细枝末节退一步,谈谈更高层次上正在发生的事情。"我认为我们正在努力找出真正的挑战。"

告诉他们你的看法,这样他们就不会觉得你神神秘秘。"我对接下来的谈话倍感兴奋。""你说的话让我有些摸不着头脑,我不知道现在该干什么。""我觉得时间很紧张……我想我还有 5 分钟时间。"

什么会妨碍预期感?

当你试图增加对某人的预期感时,"控制者怪兽"变得怒不可遏。你正在改变自己的工作方式。以前你习惯掌控局面、管理整个流程,不对外透露自己的底牌,没有人可以干涉,如果事情发展并不完全如你所料,也没有人知道。

现在你需要揭露你的带人流程,你将它变成了一件可以讨论甚至是共同创造的事情。如果没有达到你预期的效果,别人也会看到。"控制者怪兽"会怂恿你不要去做这样的蠢事。别理它,先看看效果如何。

地位感:突显对方的重要性

你的地位相对于对方来说如何?大脑希望自己处于同地位的人当中,甚至比别人更高。如果感觉低人一等,它会闷闷不乐。他们的大脑在问:"我比你更重要还是更不重要?"因此,你的

能说会道，
一点都不代表你
就会出谋划策。

畅销书《内向性格的竞争力》作者
苏珊·凯恩

There's zero correlation
between being the best talker
and having the best ideas.

Susan Cain

第 5 章 封锁退路：使用 TERA 技巧
提高参与互动的概率

解决方案是提高他们的地位。怎么做才能一直让他们觉得自我感觉良好？这不是说要你假意奉承或花言巧语地夸赞，这骗不了人，而且也说服不了自己。你要找到方法让他们全力走到台前来，突显他们的重要。并不是要你自我贬低，这是一种鼓舞人心的方式。

试试这样说

任何带人问题都可以提升他们的地位感。你在告诉他们，"你的意见很重要。你来定议程。""要有你自己的见解。"

"还有呢？"尤其强大：它把聚光灯照到他们身上。

让他们先来。一个很棒的句子是"我有一些想法，但在我分享它们之前……你第一时间的想法是什么？"后续跟进"还有呢？"

因为地位意味着权力和控制，所以值得注意的是，写这些的我是一个高个子、受过良好教育的白人男性。也就是说，我抓了一手好牌，这代表着我手里有更多的地位牌可供选择和送出。如果你的个人情况跟我差不多，那么你也可以通过降低自己的地位来提高别人的地位。如果你没有我这些好牌，那我建议你在管理地位时要慎重考虑，尤其是何时及如何降低你自己的地位。

降低你的地位，有两种办法。第一种办法，你可以把他们捧起来："你比我更懂这……""你是理解这一点的最佳人选……"第二种办法，拿掉你话语中的确定性和权威性："这是我最好的猜

建议陷阱

测……""我说的可能不对，但是我想建议……""我不确定这能够帮上忙，但是我想问……"

试试这样做

分享你所问问题的答案。例如，使用部族感确认技巧，分享你自己情绪的高点和低点，让信息有来有往，互通有无。

移除明显的障碍：你们之间的桌子、讲台。

整理你的着装。例如，脱下领带或夹克、卷起袖子，立刻就能让一套更正式的商务套装"普通化"。

有意识地选择你与他们在物理上的相对位置。例如，不要选择让一个人站着，另一个人坐着。相反，你可以选择坐在差不多一样高的地方，彼此相对，隔着桌角，或者挨着坐。

部族感和地位感有一些有用的重叠之处。用来抬举一个人的技巧，很多情况下也会抬举另外一个人，比如说创建一个共同的目标。

什么会妨碍地位感？

"控制者怪兽"不喜欢你授权别人，将控制权拱手相让。我几乎可以听见"控制者怪兽"在嘟囔着表示不满，"你这是在干什么？！""拯救者怪兽"也加入了抗议的队伍。

当你拯救某人时（我拥有答案／控制／权力），你地位高，而他们地位不高（他们在挣扎／失去控制／无能为力）。如果你让出更多空间，让对方可以站出来承担和作为，"拯救者怪兽"会认为你在逃避责任。

你的"建议怪兽"这会儿正如热锅上的蚂蚁。很好，让它满头冒汗吧，你只管提高与你谈话的人的地位。

自主感：让对方主动去选择

我们喜欢有选择。如果大脑有控制感，它就会保持投入。如果大脑问，"我在这件事情上有没有发言权？"解决方案显而易见：给他们选择的机会。同样地，你的挑战也很明显：怎么样找到让他们选择的时机？

好消息是任何时候都有做决定的机会。你可以在给他们很多机会来实行自主权的同时，保留大的决定权在自己手里。

试试这样说

任何带人问题都可以提高自主感。你问，"最近有遇到什么问题吗？"，他们就得组织语言，因为他们需要选择与你谈话的内容。

用来提高自主感的最有力问题应该是基础之问："什么是你想要的？"当然，这只是我的一己之见。你怎么看呢？

建议陷阱

试试这样做

了解你需要控制的大事,然后发掘其中你可以给出去的小选择。例如,在我们的蜡笔盒工作室,我们知道需要控制我们教授的核心内容,并且需要在规定的时间内完成。但是在这框架内,我们可以提供各种各样的选择,从他们坐的位置,到他们和谁说话,以及他们互相指导什么。

请注意,如果你把问题揽到自己手里,那么最终列出"行动清单"的就是你,而非他们。如果你主动去拯救他们,毫无疑问,你在剥夺他们的自主权。

什么会妨碍自主权?

你给他们机会选择,意味着你让他们自己掌握命运。你在表示他们自信、能力足够,知道他们想要什么。"建议怪兽"的三个角色,"倾诉者怪兽""拯救者怪兽"和"控制者怪兽"自然会被激怒。

当你有足够的勇气给予对方自主权时,你就驯服了你的"建议怪兽"。

带人&启发　强化练习

你可能已经注意到,TERA 技巧有时让人觉得它们互相矛盾。

第 5 章 封锁退路：使用 TERA 技巧提高参与互动的概率

增加部族感有时会降低地位的重要性。弄清楚预期会发生什么可能会降低自主性。

但不要紧：你的目标是提高总 TERA 系数。你可以把它想象成一个音乐混音板，在那里你需要平衡高音、低音、人声和其他声音。选择正确的技巧和策略组合来增加 TERA 系数，封锁谈话退路，使你的互动不可抗拒。

本章你学到的最有用的、最有帮助的东西是什么？

随着我们逐步深入学习神经科学，你有没有豁然开朗的时刻呢？你想要记住什么？写下你的答案，帮助强化你的记忆。

_____

_____

_____

_____

千万不要等到人们
完全做对一件事之后，
才去表扬他们。

畅销书《知道做到》作者
肯·布兰佳

Don't wait until people
do things exactly right
before you praise them.
Ken Blanchard

The Advice Trap
延伸阅读&大师进修班

不能听凭运气,而要主动出击

让你的身体
明白你的成功。

....

Celebration is somatic:
it's in your body.

第 5 章　封锁退路：使用 TERA 技巧
提高参与互动的概率

查尔斯·都希格（Charles Duhigg）在《习惯的力量》(*The Power of Habit*)一书中解释，习惯回路有 3 个组成部分。第一个部分是诱因：诱发你行为的时刻或情境。第二个部分是行为本身：对于诱因的自动反应。最后是奖励：分泌一定水平的多巴胺，告诉大脑"再来一次"，从而形成了习惯回路。

在查尔斯·都希格及其他人著作的基础上，詹姆斯·克利尔（James Clear）在《掌控习惯》(*Atomic Habit*)中提出了行为变化的 4 大定律。其中第 4 定律为"让它令人满意"（Make it Satisfying），他是这样阐述行为变化的这一黄金定律的：

人们愿意重复可以带来奖励的行为，而避免会带来惩罚的行为。

换言之，带人必须让你感觉不错，否则你就不会去带人。所以，我们不能听凭运气，而是要主动出击。

《掌控习惯》一书就像是查尔斯·都希格《习惯的力量》的

建议陷阱

工作手册,它吸收了都希格的习惯循环,以及 B.J. 福格(B.J. Fogg)、尼尔·埃亚尔(Nir Eyal)等人的一些内容,形成了行为变化的 4 大定律。在本书中,我们介绍了其中的第 4 法则"让它令人满意"。4 大定律完整名单如下:

- 让它显而易见(你知道何时开始)。
- 让它有吸引力(你想要去做)。
- 让它简单易行(你知道要做什么)。
- 让它令人满意(当你完成时,你会感到满意)。

成长时刻

"对你而言什么最实用?"这样的成长问题对被提问的人来说简直太有帮助了。这个问题把他们定格在当下,帮助他们认识对话的价值,并提供一个成长的时刻,触发新的神经联结。问他们问题,你实际上提高了他们大脑建立新神经通路的能力。

这对你也有帮助,它不仅仅是一个成长的时刻,也是值得庆祝的时刻。你刚刚帮助了别人,这并非凭空捏造。他们在告诉你:具体来说,这正是你创造价值的方式。

保持好奇心、给予洞察力一定的酝酿空间,能够帮助别人变得更加聪明、更有见解、更加勇敢。你可以为之骄傲,你也应该为之骄傲。要知道,当你问"对你而言什么最实用?"的时候,

第 5 章　封锁退路：使用 TERA 技巧
提高参与互动的概率

你已经给自己预定了一个庆祝的时刻。

摆个庆祝姿势

当你冲过终点时，当你进球时，当你登顶时，或者你其他的选择获得成功的时刻，你会有一个明确的身体反应。你可能会举起双臂，可能会挥拳，也有可能会张开双臂来庆祝胜利。如果你身边有其他人，来一个击掌比较合适。庆祝是不由自主的：它流淌在你的血液中。

你可以用你从前几章节中学到的启动技巧，让自己进入状态，也可以用类似的洞察力，来设置奖励以完成习惯回路。当你进行带人谈话时，如果做到了把你的"建议怪兽"困在笼子中，哪怕是一小会儿，你都可以摆个姿势，小小地庆祝一下，这个姿势不必夸张，但是会引发一种让人感觉良好的化学物质的分泌。

这个方法对灵魂乐教父[1]（Godfather of Soul）很管用，它对你也会很管用。

---

[1] 詹姆斯·布朗（James Brown），美国黑人歌手，被誉为美国灵魂乐的教父，说唱、嘻哈和迪斯科等音乐类型的奠基人。

你要做的是
把带人行为变成
一种日常的互动。

Your job is
to make your coaching
an everyday interaction.

第 6 章

日常互动：
利用每一种渠道
每一次互动都是带人的机会

....

带人不再是一次性的、偶尔的
"你到我办公室来，我来带你"的管理方式，
它可以运用到日常的任何互动中。
你总可以保持好奇久一点，
不急于行动和建议。

建议陷阱

"带人不再是一件事而已,它是人与人之间的相处方式。"如果你读了这本书的献词,这句话听起来就似曾相识。大约20年前,彼得·布洛克在给我的第一本书序言中写下了这句话。

带人不再是一次性的、偶尔的"你到我办公室来,我来带你"的管理方式。因为带人是一种即时的行为——保持好奇久一点,不急于行动和建议,它可以运用到日常的任何互动中。你总可以选择保持好奇久一点。

首先,会带人需要你了解能够使用的不同渠道及它们的优缺点。其次,要知道有一些类型的互动更加适合用来带人。

面对面、视频和电话带人

让我们从最明显的渠道开始。你在和对方实时交流。不管你什么时候这样做,你都可以保持好奇心更久一点。你不必专门安

第 6 章　日常互动：利用每一种渠道
每一次互动都是带人的机会

排一个带人电话。你不必把他们叫到专门的指导室。你可以在走廊里、等电梯的时候、喝咖啡的时候问别人问题。

当今世界分散型组织和线上团队普遍存在，视频成了一个常用的渠道。有了中目云会议（Zoom）、讯佳普（Skype）、环聊（Hangouts）或其他现有的服务，你就可以进行连接。不过，要全身心投入可能会更棘手。

你的电子邮件和即时通信软件就在那里，不停提示新邮件和信息。如果你在跟人视频，那就屏蔽各种干扰因素，看着摄像头，而不是电脑屏幕，给对方你真正的注意力。

对一些人来说，电话带人似乎是不可能的。他们担忧肢体语言的缺失，会成为一种障碍。事实上，许多专业教练更喜欢打电话，因为你可以享受与他人交流的所有好处，而没有与他们面对面交流时的分心。当你面对面交流时，特别是和拥有某种权力的人在一起时，比如老板或下属，每个人都需要装出一副"好面孔"，而电话交流可以让人脱下面具。还有另外一个大好处是如果你全神贯注地倾听，你能听出对方语气中体现的心理活动及其他细微变化。

邮件、社交平台和短信带人

电子邮件、社交平台、短信等非同步渠道上的交流不一定实时，因此人们容易忽视这些带人渠道。当你和另外一人并非实时交流时，你很容易忘记你的任务是帮助他们发现问题、变得更加聪明和自立，而不是一定要提供解决方案。确实，当你通过这些渠道与人交流时，由于其互易性的本质，你的"建议怪兽"一触即发。

现在你可以改变这种情况。把《关键7问》中的7个问题放在你的键盘旁边。给你自己设定一个目标，在你提出建议前，至少要问其中的一个，甚至两个问题。

会带人可以让你更有效率，尤其是当你收到一些人发来的冗长杂乱的电子邮件时。之前收到这种电子邮件，你可能必须通读3遍才能搞懂它们在说什么，然后你会尝试着在原电子邮件的每一段下面针对性地插入你的答复，"请见答复如下"。

现在，如果你学会带人，情况将大为改观。点击回复，认可对方提到了很多问题，然后问他："在这件事情上，你面临的真正挑战是什么呢？"，如果还是不清楚，接着问"什么是你想要的？"。三番五次下来，你会发现对方的电子邮件变得越来越简短、越来越切题，让你能够更好地提供帮助。

语气是在任何书面交流中都要积极处理的东西。我们在有关TERA的章节谈过"怀疑易引起消极想法"的思维，因此你会竭尽全力，让别人理解你的电子邮件或聊天的真实意图。使用表情符号是一种表达方式。

同样地，点明语气的短语也是一种表达方式。"出于好

若是远距离的矛盾,
就克制自己
发邮件或打电话的冲动。

畅销书《自律力》作者
艾伦·韦斯 & 马歇尔·古德史密斯

To refrain from sending an email

or making a call

if it's a remote interaction.

Alan Weiss and Marshall Goldsmith

奇……"是一个很好的提法，可以使任何问题变得轻松一些。或者你可以坦言你是在故意逼迫他们。试着这样说："让我来问这个问题来逼一逼你……"或者"这可能听起来有点生硬，但无论如何我还是想问……"。

面谈、会议和反馈带人

"它会搅碎吗？"（Will It Blend？）是柏兰德（Blendtec）破壁机系列的一场标志性营销活动。这场大受欢迎的活动旨在为消费者证实他们破碎机的功率，他们尝试搅碎了所有你能够想到的东西。一开始时，他们还比较低调，用的还是半只带骨熟鸡和一听可乐。

很快地，他们进入了未曾踏足的领域：苹果手机、提基火把（Tiki torches）、园艺水管，最后是亚马逊智能音箱。你会很高兴地发现，把带人和日常业务互动融合起来也是一件再容易不过的事情。

一对一面谈

让我们承认事实吧，程式化的每周一对一面谈是令人沮丧的经历。这很容易成为一种仪式化的报告，老实说，会让谈话双方都觉得厌烦。你多少想要知道他们要做什么。他们想让你放心，

最好的建议
往往来自
不提供建议的人。

美国著名演员
马修·麦康纳

....

The best advice

comes from

people who don't give advice.

Matthew McConaughey

建议陷阱

一切都很顺利,他们是努力工作的好人,但是他们不喜欢"证明给我看!"性质的谈话。不要把你们宝贵的时间浪费在报告最新进展上。你的团队有很多其他的方法向你报告他们的进展。

以带人的心态来带团队,可以让你获得全新的体验。丢掉那一套程式化的议程吧,它让会议止步不前,用"最近有遇到什么问题吗?"开头。如果这种变化可能太大、太突兀,可以提前告诉对方你准备这样做,这样他们就不会惊慌失措。

他们告诉你之后,不要试图为他们解决问题,至少不要马上这样做。问他们另外一个问题,或许可以是"那么你面临的真正挑战是什么呢?"看看在你不得不分享主意或意见之前,你们能够把会议推进到什么程度。

会议

会议开得好的时候,效果很好。开得不好的时候,每一个人都会想:"我在这浪费了生命中的两个小时,一去不复返的两个小时。"每年关于如何开好会议的新书层出不穷,而且都很畅销。

采用一些小诀窍,比如说将与会人数降低到最少,在这个方面,亚马逊公司有一个"两个比萨足够所有与会人食用"的原则十分值得参考。

将会议时间压缩到平常的一半,这样你们可以抓住重点;或者将会议时间延长至平常的两倍,这样你们就可以有足够的时间带人是保持好奇的行为。
反馈是你需要分享观点。

Coaching is the act of staying curious.
Feedback is when you need to share your point of view.

建议陷阱

集思广益。然后再加入一些引人好奇的话题。

用"最近有遇到什么问题吗?"开始。如果你们有议程,那就把每一个议题变成一个问题。如果你们举行一场会议,它就应该是为了庆祝某件事情或为了解决某一个问题。

针对每一个议题向他们提问,"这个议题的真正挑战是什么?"这样你们就对需要解决的问题,以及需要用到哪些数据来解决它们一清二楚。

用"对你而言什么最实用?"来结束会议。这是一个机会,可以让你停下来思考本次会议有什么收获,以及你还应该做什么以便把下次会议开得更成功。

带人&启发　强化练习

带人和反馈经常被人混为一谈,但我认为它们截然不同。带人是保持好奇心的持续行为,并且通过这一行为,使其他人能够好好工作、获得见解、找到解决方案。当你需要用分享你对某一情况的观点,来开始一段谈话时,你就用到了反馈:事情进展顺利或不顺利。

尽管反馈和带人有所不同,但它们也可以相辅相成。当反馈成为带人谈话的一部分时,反馈效果会更好。分享你想分享的东西,有各种各样的方法,你也许有你最喜欢、很管用的方法。在

第 6 章 日常互动：利用每一种渠道
每一次互动都是带人的机会

你告诉他们发生了什么事情，这件事的影响，以及你希望他们下次怎么调整之后，你在带人的路上就又迈进了一步。

听到反馈之后——"最近有遇到什么问题吗？"

他们考虑该如何调整时——"你面临的真正挑战是什么？"

他们思考事情会有怎样的发展时——"什么是你想要的？"

在谈话结尾——"对你而言什么最实用？"，以便你们双方了解在这个反馈交流过程当中，有什么起到了作用，以及什么没有起到作用。

这不仅增强了正在进行的反馈的有效性，而且也适用于许多组织中更正式的执行过程。许多组织正在重新思考绩效管理的难题，有一件事是肯定的：拥有一名会带人的经理，是绩效管理成功的基础。

这一章对你最有用或最有价值的是什么？

这一部分的内容都是如何把带人变成日常生活的一部分。你想要融会贯通和应用的重要内容是什么？

_____

_____

_____

_____

收到反馈,
快慢有序。

....

Get feedback,
fast and slow.

The Advice Trap
延伸阅读&大师进修班

所有的学习都依靠反馈

建议陷阱

在第 3 章中,我们认识了理查德·塞勒,他是行为经济学的坚定支持者。他有很多伟大的导师,其中包括丹尼尔·卡尼曼(Daniel Kahneman)。

丹尼尔是诺贝尔奖得主,写下了《思考,快与慢》(*Thinking, Fast and Slow*)一书。在练习反馈这件事情上,我们采取的也是快慢有序的方法。

反馈,快慢有序

我们在第 5 章中认识了研究习惯的大神,詹姆斯·克利尔。几年前,他在推特上写道:"所有的学习都依靠反馈。反馈越快,学得越快。因此,在很多领域中,不管是个人、团队,还是组织,谁的反馈周期最快,谁就是赢家。"乍一看,这很有道理。但科学告诉我们,事实远不止如此。

关于教学设计,我最喜欢的一本书是彼得·布朗(Peter

第6章　日常互动：利用每一种渠道
每一次互动都是带人的机会

Brown）、亨利·勒迪格三世（Henry Roediger III）和马克·麦克丹尼尔（Mark McDaniel）学术界三杰的合著《认知天性》（*Make It Stick*）。他们分享的研究结果表明，"短暂地延迟反馈比即时的反馈能产生更好的长期学习效果。"如果反馈是即时的，它就会融合成为体验本身的一部分。如果稍微延迟，间隙就会产生一个缓冲间隔，从而提高反馈留存。

行为经济学告诉我们，我们是多么的不理性，尽管我们宁愿相信并非如此。关于这方面的权威著作是丹尼尔·卡尼曼2011年的《思考，快与慢》。这本书很精彩，值得细品。我还很喜欢理查德·塞勒的《"错误"的行为》（*Misbehaving*）以及他与凯斯·桑斯坦（Cass Sunstein）合著的《助推》，内容是关于建立"选择架构"，以获得更好的结果。桑斯坦还出版了《改变是如何发生的》（*How Change Happens*）一书，该书在《助推》的基础上进行了扩展，也值得一读。

如果你想看看大家都有哪些古怪认知偏误，在百科网站上搜索"认知偏误"（Cognitive Biases），你能看到整个列表。从共情鸿沟（Empathy Gap）到乐观偏见（Optimism Bias）再到选择偏见（Selection Bias），我们有一长串令人印象深刻的缺点。

那么我们怎么样才能快慢有序地得到反馈？

在两种类型的情境中，我们可以练习快慢有序地得到反馈：稳妥的情境和绝望的情境。

稳妥：想想你的盟友，坚定不移地跟你站一边、希望你好的盟友。告诉他们你要做什么，你希望做什么。要求他们支持你、鼓励你，给你反馈和指导。

如果你做到好，他们会告诉你。如果你做得很差，他们也会直言。不管哪种情况，都是稳妥的，在这里，你可以放心练习。

绝望：美国著名女摇滚音乐家詹尼斯·乔普林（Janis Joplin）告诉我们，当你没有什么可以失去的时候，你就自由了。也许有一段工作关系让你觉得无法挽回——破碎且令人沮丧，到目前为止诸事不顺。

那么，为什么不好好利用这个机会，练习带人呢？毕竟，你已经在谷底了，情况已经糟得不能再糟了，唯一的可能只能是往上走。为什么不试一试呢？

《认知天性》的几位作者还有一句名言："练习的其中一种形式是反思。"通过创造反思和学习的空间来加速掌握。做到这一点的方法有无数种，但万变不离其宗：事情出现后，问自己一些问题并找到答案。

军队的事后分析（After Action Review，AAR）可以给你提供一些灵感。你可以从中借鉴三组问题。

第一组："应该发生什么……实际发生了什么……为什么会有出入呢？"

第二组："什么起作用了……什么没有起作用？"

第三组:"下次你会怎么改进?"你也可以更简单些,把下次要做的事情写下来,可以是任何事,只要你进行了反思。

反馈,快慢有序。做不到这点,就很难改变你的行为。

你要做的是
勇往直前地
去做未来的你。

....

Your job is
to courageously step
into Future You.

第 7 章

克服担忧：
不急于行动和建议
学习和改变的必经之路

你希望避免灾难和失败。

如果事情势头不对，

你可以通过提出建议、解决方案，

或者其他方式进行干预。

但是请记住，想要变得更会带人，

部分的秘诀就在于不急于行动和建议。

建议陷阱

你已经学习了驯服你的"建议怪兽"的 4 个步骤，这些步骤帮助你认识自己希望改变的深层次模式，艰难的改变的深层次模式。有了这种新认识的武装，你开始练习，并且清楚你不仅仅在帮助别人进步，也是在成就未来的你。

你需要反馈来了解进展情况，知道事情发展得怎么样。因为他们和你自己都同时在改变，你需要从两个层面来跟踪进展和成功。第一个层面显而易见：你有没有驯服你的"建议怪兽"？你有没有保持好奇久一点？

相比之下，第二个层面则更加深远。

第二个层面实际上是艰难的改变过程中必不可少的一部分，也是驯服你的"建议怪兽"流程的第 4 步。你的"建议怪兽"想让你认为，一旦你试图改变自己的行为、变得更会带人，灾难就会马上降临。如果你不给"建议怪兽"的三个角色充分控制权，它们会异口同声地说你注定要失败。"倾诉者怪兽"相信，如果

第 7 章 克服担忧：不急于行动和建议
学习和改变的必经之路

你不告诉别人该做什么，所有的人都会失败。"拯救者怪兽"确信，如果你不为每个人、每件事负责，所有的人都会失败。"控制者怪兽"觉得，如果你一旦放松警惕，不再牢牢控制所有事情，一切都会陷入混乱，所有的人都会失败。"建议怪兽"的种种担忧让现在的你止步不前。

这个考验关注现在的你的担忧，你担心更会带人的这种新行为会导致失败。这个考验并不需要你把你的担忧视为一种纠缠折磨、无法言说的焦虑，而是要你把它视为学习和改变的必经之路。它能帮助你克服这些担忧，成为未来的你，并获得更大的回报。你的直觉会抵触这种想法，但是通过让你的恐惧变得真实和有形，你可以验证你的担心是否会成真。

你要愿意接受考验

以下是一些常见的担忧。你要做的是识别哪些担忧应验在你身上，你要愿意接受考验。通过明确你的焦虑，你可以看到当你尝试这种新的领导方式时，你想象的灾难是否真的会出现。

毋庸多言，你希望避免灾难和失败。如果事情势头不对，你可以通过提出建议、解决方案，或者其他方式进行干预。但是请记住，想要变得更会带人，部分的秘诀就在于不急于行动和建议。

所以在那些焦虑的时刻，再多等一会。看看他们会怎么样，

建议陷阱

看看你自己会怎么样。你和他们的表现可能都比你想象的要好。当你这么做的时候，你就会为未来的你赢得更多主动权，你所领导和影响的人也一样。

驯服"建议怪兽"的时刻

让我们来看看你想要驯服"建议怪兽"所面临的考验：

"倾诉者怪兽"的主要考验

- 如果我不第一个给出答案，他们自己有没有能力想出一个像样的点子？
- 如果我等等，他们最终会不会想出我要提出的想法？
- 如果我不通过提供一个想法来"增加价值"，我会不会失去所有的地位和认可？

"拯救者怪兽"的主要考验

- 如果我不插手来解决问题，问题会不会悬而不决？
- 如果我不扮演主要角色，团队是会成功，还是会惨败？
- 如果我不代表他人做出选择，他们是能主动承担起自己的责任，还是会变得无用和幼稚？

第7章 克服担忧：不急于行动和建议
学习和改变的必经之路

"控制者怪兽"的主要考验

- 如果谈话朝着意料之外的方向发展时我不去"纠偏"，我们的谈话最终是会有所收获，还是会走入死胡同？
- 如果不讨论我认为最重要的事情，我们是不是就永远不会讨论到关键任务？
- 如果我无法完全掌控局面，我的职业生涯会不会就此终结？

带人&启发　强化练习

跳过这部分考验可以让你如释重负。回顾并反思所发生的事情和它与你所想象的有何不同，需要预先的意识和纪律。如果你跳过考验，你将失去一个重大的成长机会。而且不仅仅是一个成长的时刻，更是一个驯服你的"建议怪兽"的时刻。当你认识到最坏的情况其实并没有发生，你不仅没事而且活得风生水起的时候，这个时刻就是你摆脱建议陷阱，重获自由的时刻。

你想要接受怎样的考验呢？

安于现状的力量
非常强大。

....

The power of the status quo is strong.
Dark Side strong.

The Advice Trap
延伸阅读&大师进修班

你难以抗拒的"引诱"

建议陷阱

与之前的两部电影相比，《教父3》(*The Godfather Part Ⅲ*)经历了一段艰难的时期。但当阿尔·帕西诺（Al Pacino）扮演的迈克尔·柯里昂（Michael Corleone）因沮丧和痛苦而哭泣时，出现了一句经典台词："当我以为我已经金盆洗手的时候，他们又把我拽回江湖！"

不仅仅是当黑手党有很强的吸引力，你已经在做的每一件事都是如此。安于现状的力量是强大的。想象一下这种黑暗面的力量，就像油炸后撒上糖的甜点，我想说的是，它真的很强大。我们对抗的是自己原始的蜥蜴脑[①]（Lizard brain），它特别喜欢现状。"变化让人不安，"它说，"改变预示着失败。所以让我们把事情保持原样，非常感谢。"

请记住，在练习带人习惯时，你会被拽回到过去的工作方

[①]蜥蜴脑是人脑中掌管与理性思考无关的部分，也被科学研究证实是掌握本能的古老部分。

式中去。这不可避免。在某些阶段，你的"建议怪兽"会占据上风。

我再说一遍：这是一个艰难的改变。如果你发现自己再度陷入了"建议怪兽"的折磨之中，不要自责，但是要有应对计划。

避免"管他呢"综合征

你已经下定决心不吃冰激凌了。你坚持好几天没吃了。但不知在什么时候，你意志松懈了，回过神来，你发现自己在厨房里一手拿着一桶你最喜欢的冰激凌，另一只手拿着勺子。勺子已经用过了。你违背了你的初衷。不过，管他呢，你还是把剩下的冰激凌吃了。

如果这不是你所经历过的现实，那就把它当作比喻。尝试养成新习惯的人很熟悉这个模式。你犯了一点错……然后你告诉自己，反正已经造成了损害，索性孤注一掷。

别这么做。

或许，迟早你会没办法再保持好奇。也许你本来应该再多等一会，但你还是忍不住提建议了。没问题，但是不要以此为借口，把你的"建议怪兽"放出来,让会议沦为一场"建议怪兽"的狂欢。找回你的好奇心，问一个问题。

建议陷阱

屡战屡败，没关系

黑带之所以成为黑带，自有它的理由，它需要你从基础练起，一招一式地练。如果你像迈克尔·柯里昂被重新拽入江湖一样被拽回建议陷阱，那就有意识地把自己拽出去。回到上一步，再来一遍艰难的改变流程。你不可能两次踏入同一条河流，所以你会注意到自己身上的变化和"建议怪兽"的变化。这是一次重置、调整和准备下一次谈话的机会。

萨缪尔·贝克特（Samuel Beckett）用他冷静的笔触，把驯服"建议怪兽"这件事情说得非常直白："屡战屡败，没关系。但是下一次失败的时候，你要败得更精彩。坚持不懈地战斗和失败，最终你会养成一个牢固的带人习惯。"

我们不会进升到
自己期待的水平，
只会滑落到
自己训练的水平。

古希腊诗人
阿尔基洛科斯

....

We don't rise to the occasion,
we fall to the level of our training.

Archilochus

第三部分

成为
带人高手

尽你所能地
给予。

....

Give as much
as you can.

第 8 章

保持慷慨：
不局限于实物
欢迎和接受事物的开放心态

慷慨地欣赏关注人的品质，
而不仅仅是他们做的事情。

建议陷阱

蜡笔盒公司的核心价值观有6条，其中之一是慷慨。虽然实物捐献也很好，但慷慨远不止于此。它更多的是一种欢迎和接受事物，看到事物和人身上好的一面的开放心态。

慷慨的沉默

首先要做的就是对沉默变得慷慨起来。通过3个阶段，沉默可以作为有效的技巧加以利用：

第一阶段：和所有人一样，一开始你就对沉默感到深深的不安。不惜任何代价填满它！反击！用光明填满黑暗，用噪声填满沉默！

第二阶段：你逐渐愿意尝试沉默，但整个过程中你都在屏住呼吸，就好像坐在一把不舒服的椅子上。

第三阶段：你发现自己能够提供慷慨的沉默，你觉得沉默

第 8 章　保持慷慨：不局限于实物
欢迎和接受事物的开放心态

很舒适、温暖，它就像一把旧沙发一样拥抱着你。

慷慨的沉默为他人提供了与自己独处的空间，为你提供了与他们相处的空间，为双方的在场提供了空间。这让他们可以喘口气。它低声说道："这个地方有点意思。让我们在这里待一会。"

这个沉默的时间不必太长。有时候，三五秒的沉默几乎可以改变整个带人谈话。

慷慨的沉默可以让谈话中的精妙见解开花结果。

慷慨的坦诚

第二种慷慨是指你愿意公开带人流程，以及你对带人谈话的感受。

一开始你也是惴惴不安，这次是对公开事实的不安。你不想承认你并没有真正地掌控整个流程。你全力以赴，但随着谈话的进行，你开始说谎。你绝对不想承认谈话让你觉得无聊、困惑或者不知所云——那代表着丢脸和向不确定性与混乱投降。

但当你用本书的技巧练习，掌握一些问题时，你会逐渐愿意坦诚相待。你可以分享你在找到真正的挑战一章学到的沟通手段。你可以承认自己分心了，没有听到他们说了什么，因为你在想别的事情。你的坦诚非但没有导致灾难，反而让谈话更有人情味了。

最后，你会做到慷慨的坦诚。你实时解释你的过程，而不

建议陷阱

再像《绿野仙踪》(*The Wizard of OZ*)一样在幕后施法。更强大的是,你分享你的内心感受:我很无聊,我很兴奋,我很困惑,我不确定这管用。

你没有把谈话是否管用的责任都揽到自己身上,你实话实说,并且问他们是否感同身受。如果他们也感同身受,我们该怎么样应对?通过增加部族感、预期感、地位感和自主感,慷慨的透明度提高 TERA 系数。

慷慨的欣赏

慷慨的最后一种形式是欣赏他人的艺术。不是在远处欣赏他们,而是让他们知道他们的重要性。与慷慨的沉默一样,这里也有 3 个进化阶段:

第一阶段:一开始你惴惴不安,这次是对欣赏的不安。不能夸他们,他们会变得软弱和自满!鞭策!继续鞭策!

第二阶段:你逐渐愿意尝试欣赏,你主要关注他们做了什么。"演示做得很好。""报告写得很好。"你对他们完成的任务给予 A-,或至少 B+ 的肯定。

第三阶段:你慢慢地摸到了慷慨大方这种行为方式的门路。你和对方交谈,认可他们的品质,而不仅仅看他们做了什么。你注重的是他们的个人品质。他们勇敢、顽强、创新、冷静、愿意

我深呼吸一口气,
听到了自己熟悉的心跳。
我还活着,我还活着,
我还活着。

美国著名诗人
西尔维娅·普拉斯

I took a deep breath and
listened to the old brag of my heart.
I am,I am,I am.

Sylvia Plath

建议陷阱

学习、乐于助人、慷慨大方、进取、谦虚、乐观、执着、细致。你就已经掌握了其中要义。

当他们苦苦挣扎时,他们听到你的这些话语会是多么的欣慰和鼓舞:"我知道事情很糟糕,但我要肯定你们面对困难时的坚韧和'反弹精神'(bounce-back spirit)。""我知道我们没有拿下这单交易,但我想谢谢大家为这件事情所做的准备和全力付出。"

慷慨地欣赏他人的品质,而不仅仅是他们做的事情。

带人&启发 强化练习

在这一章,你学到的最有用或者最有价值的是什么?

在开始下一章的学习之前,这一章哪些内容你想拿去用?对自己的记忆慷慨点,写下你的答案。

_____

_____

_____

_____

第 9 章

善于示弱：
也愿意"被人带"

成为伟大带人者的前提

....

有句话说得好：
"你首先自己得是一名好读者，
然后才能成为一个好作家。"
带人也是如此，
你只有愿意被人带，
才能成为一个伟大的带人者。

挑战越巨大,
成就越美妙。

畅销书《早起的奇迹》作者
哈尔·埃尔罗德

....

The bigger the challenges,
the better the story.

Hal Elrod

第9章 善于示弱：也愿意"被人带"
成为伟大带人者的前提

有句话说得好："你首先自己得是一名好读者，然后才能成为一个好作家。"带人也是如此，你只有愿意被人带，才能成为一个伟大的带人者。被人带远远不只有那些一目了然的好处，与你带人时给别人的一样，更集中的注意力、更大的勇气、更强的韧性。它让你复习同理心、正念和谦逊的领导原则。此外，你还会明白什么是学习，你会享受到"豁然开朗"的时刻。你会体验到处于弱势带来的不安和好处。

我敢打包票你肯定在想，"什么？我买这本书是为了学习怎么少提一点建议。现在你反过来让别人给我建议了？这到底是怎么回事？"

如果说弱势在某种程度上与掌握权力和保持控制有关，那么变得弱势的转变之一就是愿意被人带。这不只是走过场，而是面对难以解决的问题时，真正愿意打开心扉。

从我的第一次带人训练开始至今，有个人已经带了我二十多

建议陷阱

年了。这二十多年来，我大部分时间都在试图避免被人带。我对大部分的带人技巧都了如指掌，而且我是一个思考和说话都很快的人，这意味着我可以假装被带得很好，同时避免触及我想隐藏的软肋。这是一种非常令人讨厌的行为模式——对于试图带我的人来说不一定，但对我来说绝对是。我想被人带，但我又不想被人带。现在的我正在打败未来的我。

但我一直在努力，并且取得了稳步的进展。这一路走来，我学到了一些东西，帮助我懂得如何更好地被人带。接下来我在这里分享给大家。

如何成为一个更好带的人？

首先，你要认识到，当你被人带时，你会变得有些狡猾。这跟你个人无关，而是 TERA 和你的"建议怪兽"在作祟。你的原始大脑会竭尽全力地保护你，保证你安全、没有风险，控制你。当你被人带的时候，别人在请你检视你以前的所思所为，以及之前的你自己，这既让人跃跃欲试又让人不安。

所以，首先要向自己坦白你是如何逃避被带的。你有自己的模式和策略。你岔开话题，这样你是不是就不用说真话？你强调自己的专家地位，这样就可以暗示你在他们提问之前就已经"知道"答案了？再不就扮演无助和倒霉的角色，强烈暗示带人者来

第9章 善于示弱：也愿意"被人带"
成为伟大带人者的前提

拯救你？你在消极对抗，你尽量少说真心话，尽力让谈话流于表面。你是不是在扮演事不关己的旁观者，从未真正地投入？

看清楚你自己的狡猾，是一个很好的开始。现在，向在带你的人坦白这些，别管这种带人关系正式与否。我把这个过程称为"社会契约"（social contracting）。这是一场关于你们如何合作的谈话，重要的是关系和过程，与你们合作的内容无关。这些谈话开始时会有些尴尬，但是像其他所有事情一样，它可以通过练习变得更加容易。这些谈话如果有来有往，效果最好：提问，听他们回答，分享你自己的情况。

以下是一些可能会有帮助的问题和后续短语：

- 如果你有过一段像我们这样的带人关系，而且进展得很顺利，是什么让它进展得这么顺利呢？你做了什么？另一个人做了什么？
- 如果你有过一段像我们这样的带人关系，但它不是一次很好的经历，是什么让它偏离了轨道？你做了什么？另一个人做了什么？
- 当你在我们的谈话中没有像你希望的那样充分表现时，我怎样才能知道？我会这么做来避免谈话变得困难。
- 当我发现你逃避棘手的问题或者耍花招时，我应该怎么做？我们怎么处理？我会这么做，我希望我们这么处理。

建议陷阱

回答这些问题并不容易，至少一开始是这样。不管回答好坏，谈话仍然有力，因为你们在谈论如何表现，如何管理，以及当时机成熟时，如何修复对话。

当我在这些谈话中表现得特别勇敢或善于表达时，我会分享一些事情，比如：

- 我不太擅长处理冲突，所以，如果进展不顺，我会先忍耐，直到最后爆发。
- 我很忠诚，这很好，但它也意味着我不会经常挑战你，原本我应该这么做。
- 我不喜欢等级制度，所以当你试图"高我一等"时，我会做出反应，而有时候我却会放弃我本应该保留的地位。
- 我可以用一大堆想法让你眼花缭乱，以避免透露自己的真实情绪和感受。
- 我能"假装同意"，所以当我说"是"的时候，实际上只是同意你可以有你的观点，但我并没有被你的观点说服。
- 我喜欢人们给我压力、要我承担责任，尽管我看起来很抗拒它。

不要怕焦虑和内疚

被人带不仅仅是愿意回答几个问题。那只是过程，还有更深层次的变化。带人有着更重大的意义：培养和鼓励自主、自立，以及彼得·布洛克所说的"为自己的自由负责"。

当你主宰自己并承担起选择的责任时，会出现两种情绪：焦虑，因为你担心自己是否做出了正确的选择；还有内疚，因为你在拒绝一些你本可以答应的事情。即便你将它与你得到的回报——丹尼尔·平克所说的对工作和生活至关重要的自主性、掌控感和使命感相比较，你心里还是不舒服。

练习自己带自己

你不需要别人来问你带人问题；你可以自己问自己这些问题。回答能够让你思考、对你自己和情境产生新的见解的问题的机会越多，你就更容易被人带。

这需要一定的自律，因为在自己的头脑中进行谈话可能会很难办。你问自己一个问题，认真地想要回答它，但你可能很快地把车驶离通往见解的高速公路，消失在分心的小路上，最后停在无关紧要的死胡同里。

你可以换种方式，把问自己的问题的答案写下来。有无数的文章鼓励你记日记，因为日记是有力量的。归根结底，你需要的无非就是纸和笔，以及多花一点时间思考和书写。

塑造你的环境

我们经常低估环境对形成和维持行为改变的影响。你需要

懂得
如何提问的领导者，
才能赢得未来。

现代管理学之父
彼得·德鲁克

The leaders of the future
will know
how to ask.

Peter Drucker

第 9 章　善于示弱：也愿意"被人带"
成为伟大带人者的前提

利用好环境的影响。当你被人带的时候，选择你此时所在的环境将带来很大的不同。如果你运气好或者时机合适，这可能意味着你可以选择一个特定的空间，让自己不仅可以远离干扰，也可以远离自我设定的期望。

如果我坐在笔记本电脑所在的办公桌前，也就是我通常回复电子邮件的地方，我的身体和大脑就会启动行动模式。我通常通过电话或视频会议让人带，这时候我会刻意远离我的办公桌。我需要自己处于思考模式，而非行动模式。我通常会围着房子绕圈，移动能帮助我自我对话和思考。

开始前自我打气

当你知道要谈话时，这是一个相对容易实施的策略，因为你可以有意地选择如何现身。但是如果你喜欢这个策略，你可以马上使用它：一旦你进入谈话，你可以给自己几秒的时间来为成功做好准备。把它想象成一个赛前的仪式，让自己进入最佳状态，这可以作为另一个启动效应的例子。

回答两三个可以让你进入最佳状态的问题，不过你可能需要定义什么是最佳状态。它们不需要复杂的答案；事实上，你可以给自己打分，比如 1 分（"一点也不"）到 7 分（"完全投入"）。以下是我发现的一些有用的问题：

建议陷阱

- 你打算多积极和投入？
- 你打算承担多少风险？
- 你有多愿意展示这一团糟？
- 你打算变得多弱势？
- 你有多大决心成为未来的最好的自己？

带人＆启发　强化练习

你可能已经自己弄明白，但我还是决定告诉你，以防万一：所有那些帮助你成为一个更容易被带的人的技巧，那些置你于更弱势的地位、帮助你从带人谈话中收获更多东西的技巧，都是你用来带人的技巧。

在这一章，你学到的最有用或最有价值的是什么？

这一章的内容主要关于开放学习。现在我就来告诉你怎么即刻行动。很简单，写下对你最有用的见解。

_____
_____
_____
_____

带人鼓励你
承担责任,
为了你自己的自由。

Coaching encourages taking
responsibility for your own freedom.

提建议，
要讲究
方式方法。

....

If you are going to
give advice,
do it well.

第 10 章

提出建议：
活用 4 点策略
合适的时间，合适的方式

"不要急于提建议"，
但这绝不等同于"永远不提建议"。

建议陷阱

在这本书里，我从头到尾都在说，"不要急于提建议"，但这绝不等同于"永远不提建议"。提建议需要合适的时间和地点，当时机成熟，你需要提建议时，我希望你好好提。以下是如何在合适的时间，以合适的方式提建议的4点策略：

明确提建议的时刻。从知道什么时候该给建议开始。有时，即问即答最合适不过。当有人问："我在哪里可以找到文件？"最好是直接告诉他们答案，而不是询问他们真正面临的挑战是什么。当责任真正落在你身上时，再做出必要的决定。不过你要确保这是真的，而不只是"控制者怪兽"告诉你你想听什么。

削弱建议的确定性。当老板提出他们的建议时，会发生什么？没错。所有人都点头，在本子上记下这些"建议"，并且一致同意事情就该这么办。当然，我说得有点夸张，但仅仅是一点点。

在你提出你的想法时，学会削弱它的确定性，可以减少双方的压力。这减轻了他们必须说"是"的压力，也减轻了你必须提

第 10 章 提出建议：活用 4 点策略
合适的时间，合适的方式

出正确的、最好的、管用的想法的压力。

在你开始提出任何建议之前，可以试试加上以下这些短语，它们屡试不爽，能够帮助减轻压力：

- 这是我能想到的最有可能的办法……
- 我可能说错了……
- 我不确定这是否管用/有用/是个办法……
- 这只是一个主意/选项/想法……
- 这可能完全不靠谱……

大胆地提建议。 当你真的需要提建议时，大胆地提。如果有用的话，给它标签，"让我给你我最好的建议。"要迅速、清楚、大胆。确保他们知道你是在给他们建议。

跟进建议的效果。 最后一步，核实你的建议取得的效果。它起到作用了吗？解决问题了吗？一些你可能会发现有用的短语如下：

- 这是不是正如你所需？
- 这是你需要的吗？
- 这个建议对吗？
- 这个想法给你带来了任何新的灵感吗？

建议陷阱

带人&启发　强化练习

2000 年，丹尼尔·戈尔曼（Daniel Goleman）为《哈佛商业评论》(*Harvard Business Review*) 撰写了一篇影响深远的文章，题为《带来成果的领导力》(*Leadership That Gets Results*)。他分享的一项研究结果表明有 6 种不同的领导风格（指令型、愿景型、亲和型、民主型、领跑型和带人型）。每种风格都有适合的时间和地点，都有利有弊。带人是使用的最少的领导技能之一，尽管它是文化、参与度和营收成果的明确驱动因素。这正是为什么我如此希望你更会带人。

但无论如何，带人型也是 6 种领导风格之一。另外还有 3 种风格可以与提建议联系起来：指令型、领跑型和愿景型。有趣的是，研究发现前两种风格（指令型和愿景型）会对职场文化产生负面影响，但提建议仍然是任何一位领导者的必备技能之一。因此，如果你要提建议，就好好提。

让我给你提一个建议：写下你在这章学到的有用的东西。

我知道你们明白我刚做了什么。

结　语

"在舞台上赤身裸体"
走到边界，深呼吸，
然后走出这个边界

....

它提醒我们去接受挑战，
去激发自我，
去发现当下的幽默。
现在轮到你赤身裸体了。
当然，并非真正意义上的赤身裸体。

我在澳大利亚获得了法律学位。但老实说，我不太擅长法律。大多数情况下，我对法律不是非常感兴趣，我最终对法律深有体会是因为我自己被人告了，那是我作为罗德奖学金获得者在牛津大学求学期间的事情了，我其中一位法律讲师起诉我毁谤他。整个事件说来话长，说毫无收获也不对，至少看着牛津大学在这件事情上对于我的态度如此纠结，也是件有趣的事。

法学院最棒的地方在于它的法律时事讽刺剧（Law Revue）。每年法学院的学生都会汇聚一堂，上演一场戏剧节目：滑稽歌舞剧和小品，这堪称剑桥脚灯社戏剧俱乐部[①]（Cambridge Footlights）的堪培拉版本。

这些年来，我参与了许多小品表演：一排法官表演康康舞[②]（cancan dance）；一位澳大利亚总理演唱吉尔伯特和苏利文版

[①]于1883年由剑桥大学的学生成立，培养出了英国喜剧史上一大批著名的喜剧演员、编剧、导演等。
[②]一种法国的舞蹈，风格轻快粗犷。

结　语

本的《我是现代少将的典范》(*I Am the Very Model of a Modern Major-General*)。它们提醒我们去接受挑战，去激发自我，去发现当下的幽默。

现在轮到你赤身裸体了。当然，并非真正意义上的赤身裸体。

这本书的目的是让你走到自己的边界，深呼吸，然后走出这个边界，走向未来的你。这是改变你领导方式的机会，你得以改变你的团队、你的组织，或许更重要的是，改变你自己。养成带人的习惯，避免建议陷阱，驯服"建议怪兽"。

就到了说再见的时候了吗？你是不是要把我束之高阁？

我希望不是。

感谢阅读这本书——不是每个人都能读到最后。在你把这本书放回你的书架上之前，你还可以做几件事情来继续学习和养成你的带人习惯。

发掘我给大家额外准备的干货推荐。接下来几页我会向大家推荐一些有用的书籍、播客和视频。如果你觉得一些关于领导力资源的精选推荐对你有用的话，就从这开始吧。

更深入地了解你的"建议怪兽"。你肯定记得，在有关驯服你的"建议怪兽"的一章，我分享了一些技巧，你可以加以利用：一份问卷调查，帮助你了解哪个"建议怪兽"角色最经常出现在你头脑中，以及一个帮助你走过整个驯服"建议怪兽"的流程。

感谢你在这个世界的所作所为。

致　　谢

如果你读到了这里,要么你认识我,要么你本人也写作,所以你来看看,因为你清楚地知道一本书的面世绝不是仅仅一个人的功劳,而是一群人的心血。《建议陷阱》也不例外。我觉得,"致谢"这个词远不能够表达我对成书过程中给予了我无私帮助的人的深深感激之情。

首先,我要谢谢你,玛塞拉(Marcella)。

很多人的贡献让这本书得以改头换面,变得更加精彩。吉尔·墨菲(Jill Murphy)贡献了"建议正在杀死你的公司"这个句子。西蒙·拜尔雷(Simon Byerley)教我让如何让这本书有一个更好的视觉效果。伊丽莎白·马歇尔(Elizabeth Marshall)说服我放弃了一个我喜欢的书名,让我采用了一个我现在更喜欢的书名。露辛达·普拉特博士(Dr.Lucinda Platt)是"Twirly(操之过急)"这个概念的发明者。米莎格·洛博曼(Misha Glouberman)坚持让我重写前20页,直到最

建议陷阱

终让人称心如意。蒂姆·诺福克（Tim Norfolk）要求我更巧妙、准确地表达带人的好处。香农·米尼菲博士（Dr.Shannon Minifie）贡献了"建议怪兽"的 DNA。

同时有一群值得信赖的顾问和思想家多次帮我过这本书的草稿，帮我找各自资源，诱哄、勉励、推动着我前行。谢谢你们：布赖恩·布里顿（Brian Brittain）、克里斯·泰勒（Chris Taylor）、克里斯汀·霍尔（Christine Hall）、丹·彭特法克（Dan Pontefract）、大卫·彼得森博士（Dr. David Petersen）、埃里克·克莱因（Eric Klein）、詹姆斯·克利尔、杰森·福克斯博士（Dr. Jason Fox）、珍·劳登（Jen Louden）、凯特·莱伊（Kate Lye）、莉兹·怀斯曼、马克·麦克丹尼尔博士（Dr. Mark McDaniel）、马克·西尔弗（Mark Silver）、马克和特雷西·汤普森（Mark and Tracey Thompson）、迈克尔·J. 乐基（Michael J. Leckie）、莫莉·戈登（Molly Gordon）、彼得·布朗博士（Dr. Peter Brown）、彼得·中村（Peter Nakumura）、瑞秋·戴尔（Rachel Dale）、亚萨明·雅各布斯（Yasamine Jacobs）。

你也已经看到有很多人都在为这本书更广泛的学习生态系统做贡献。谢谢你们：艾米·阿姆斯特朗（Amy Armstrong）、安德里亚·沃纳斯特兰德（Andrea Wanerstrand）、凯莉·薇乐特丝（Carrie Willetts）、柯特妮·霍尼（Courtney Hohne）、加里·里奇（Garry Ridge）、格伦·拉利（Glen Lally）、迈克尔·J. 乐基、瑞秋·戴

致 谢

尔和特莉西娅·戈顿（Tricia Gorton），感谢你们对如何使带人成为企业的，而不仅仅是人力资源的一部分的见解。

我非常有幸与 Page Two 公司再次合作，它负责蜡笔盒出版社的包装工作。4 年前，我幸运地遇到了这家公司，当时是为了《关键 7 问》，从那之后，双方的合作一直非常愉快。

阿曼达·李维斯（Amanda Levis）是我的编辑，如果你读过我的第二稿，你一定会发现它与现在你正在读的出版稿之间的不同，从而更加欣赏阿曼达的天赋。盖比·纳斯特德（Gabi Narsted）是个完美的项目经理，我们从容不迫地在既定日期发售了这本书。在这本书的设计上，彼得·科金（Peter Cocking）是一位出色的合作者，他大度地容忍了我几乎对于所有事情的吹毛求疵。安妮玛丽·腾普曼-克鲁伊特（Annemarie Tempelman-Kluit）帮助推动实现这本书雄心勃勃的营销计划。我还要衷心感谢两位创始人，特勒拉·怀特（Trena White）和杰西·芬克勒斯坦（Jesse Finkelstein），尤其是后者，更是不遗余力地亲口宣传我和我的作品。

谢谢你，马歇尔·古德史密斯博士。几年前，我有幸得到马歇尔的邀请成为"马歇尔·古德史密斯 100 教练计划"（Marshall Goldsmith 100 Coaches）的一员。马歇尔是教练界的泰斗。能得到他的鼓励和指导，我倍感荣幸。

在我写作这本书的时候，作为一个组织，蜡笔盒继续蓬勃发

建议陷阱

展。如果没有在蜡笔盒工作的优秀员工,这不可能实现。在过去的 4 年里,香农·米尼菲、亚萨明·雅各布斯与克里斯丁·霍尔组成的领导团队,以及领导团队的导师吉尔·墨菲鞠躬尽瘁,睿智地带领公司乘风破浪。我的行政助理马琳·埃尔德米尔(Marlene Eldemire),以及我的教练欧内斯特·奥里昂(Ernest Orient)一直帮助我保持正常的生活。感谢蜡笔盒团队的其他成员,感谢我们在世界各地杰出的项目负责人,感谢我们的客户,与他们共事让我倍感快乐和荣幸。

最后,我要再次感谢玛塞拉。"你的坚定是我的向心力,让我做事有始有终。"

附　录

大饱眼福

··

新的商业书籍如雨后春笋一样不断地涌现。
有没有什么书比以前的更好呢?
肯定的,正如我往酒架上添了新的波旁酒一样,
我也往我的书架上添了新书。

额外干货

想深入研究自己感兴趣的东西时,我们都知道上网查询。在这本书的主体部分,我给大家介绍了一些我认为必要的内容,帮助大家做到少提建议,学会带人。如果你有兴趣了解这些内容背后的原理,下面的这些资源值得你好好探索。

"如何更好地将带人与商业结果联系起来?"

第一部分适用于任何问这个问题的人,这部分收录了来自不同杰出领导者的8篇文章,他们揭示了自己如何带人,而不仅仅是"管理人力资源"。

第二部分是最近的一些好书推荐,充实我的"私人图书馆珍藏",我精选了一些特定领域的最佳书籍。

理论照进现实

从书里看来的知识,通常还需要经验的加持。我邀请了一些

附 录

我钦佩的领导者，他们是各自组织中带人方面的佼佼者，跟大家分享他们关于带人如何支持业务成功的最佳智慧。

如果你对带人是一种可以改变组织的力量感兴趣，推荐你读：

带人 × 改变

《数字转型中被忽视和误解的驱动因素》(The Overlooked and Misunderstood Driver of Digital Transformation)

迈克尔·J. 乐基，通用电气（General Electric Company）前数字化转型首席学习官

一位友人兼同事最近跟我说，整个数字化转型的问题根源在于，"我们世界的数字系统已经是第五代了，而我们的人力系统还停留在第二代！"

带人 × 创新

《别再告诉别人该做什么！》(Stop Telling People What to Do!)

瑞秋·戴尔，英国天空广播公司学习与发展总监

你如何做到让整个团队变得更加创新？很简单，有一个人必须带头改变他们组织的习惯：老板。他们需要停止听从本能，不要急于建议和决定。他们需要改变自己的习惯，从说到问。他们需要更加好奇。

建议陷阱

带人 × 变革

《如何证明带人管用》（*How to Prove That Coaching Works*）

安德里亚·沃纳斯特兰德，带人能力的领导者，微软全球学习

如果你正在投资发展带人能力，你怎么知道行为改变已经发生了呢？这是一个大而难的问题。是什么改变了？这样做值得吗？

如果你对提高组织的能力感兴趣，推荐你读：

带人 × 敏捷

《更高层级的技能：带人是敏捷文化的基础》（*A Higher-Order Skill: Coaching as the Foundation for an Agile Culture*）

特莉西娅·戈顿，DTCC 公司人才与发展总监

几年前，我们有了一个深刻的认识，它改变了我们的整个带人方法。我们认识到带人是一种高级技能。一旦你学习、实践和接受带人，反馈、赋权能力和其他许多领导力的能力就会随之而来，水到渠成。

带人 × 销售业绩

《更好的决策的复合效应》（*The Compound Effect of Better Decision-Making*）

附　录

格林·拉里，谷歌销售效率总监

在从事管理工作大约五六年之后，我突然认识到我误解了带人的意义。你不该为带人而带人。你带人是因为它能加速带来好的结果，改善决策。这个认识改变了一切。

带人 × 影响

《带人与混沌中的领路人》（*Coaching for Chaos Pilots*）

柯特妮·霍尼，Moonshots 首席故事官

艾米·阿姆斯特朗，谷歌 X 领导力与组织发展主管

《哈佛商业评论》的一篇文章将"混沌领路人"（chaos pilots）定义为能够创造性地领导一个项目克服不确定性的人。他们"有能力在混沌中创造秩序并有所行动。作为混沌领路人的领导者，即使周围环境变幻莫测，他们也有能力推动团队在项目上前进。"这个定义也可以用来作为成为 X 人必备素质的工作描述。

如果你对高级领导者在推动企业文化中的角色感兴趣，推荐你读：

带人 × 文化

《带人、价值观与文化的良性循环》（*The Virtuous Circle of*

建议陷阱

Coaching, Values, and Culture)

盖里·里奇，WD-40 公司首席执行官

在最近的一次会议上，我们的一位部落领导者这天过得不太顺心，他的行为伤害到了会议，并定下了一种消极影响整个集团的基调。借助于我们的价值观和带人文化，我们得以将会议变为"带人时间"，而非"训诫时间"。

带人 × 领导力

《一种日常的行为方式》(*An Everyday Way of Showing Up*)

凯莉·薇乐特丝，维尔斯潘依法拉塔（WellSpan Ephrata）社区医院首席执行官

如果负责企业文化制定和战略部署的领导者把所有的精力都花在决定哪些访客椅应该放在病房里，或者护士长应该如何安排团队成员的工作日程这些琐事上，那么这个组织就无法向前发展。

当你变得更会带人,
研究和经验告诉我们,
会增加两方面的优势:
1. 带出更有能力的人。
2. 拥有更强的表现力。

When you're more coach-like,

research and experience tell us there are two clear outcomes:

1. You enable stronger humans.

2. You enable stronger performance.

好书推荐

好书珍藏

现在真是喝酒的好时节。货架上每天新的好酒品牌层出不穷，我最喜欢波旁葡萄酒，也喜欢杜松子酒和伏特加。这是酒品牌的寒武纪大爆发，我超爱看到新东西上市。在《关键7问》一书中，我分享了我的"珍藏"管理类书籍，以及关于习惯养成、改变、策略或其他各种主题的书籍，并且告诉大家，"这值得珍藏。"

新的商业书籍如雨后春笋一样不断地涌现。有没有什么书比以前的更好呢？肯定的，正如我往酒架上添了新的波旁酒一样，我也往我的书架上添了新书。我给大家介绍我非常喜欢的12本。

对组织变革的洞察

如果只能读一本书来证明带人作为一项领导技能的重要性：

附 录

《经理人》(*It's the Manager*)

吉姆·克利夫顿（Jim Clifton）& 吉姆·哈特（Jim Harter）

他俩都来自盖洛普[①]（Gallup），所以他们所说的每件事都有无数的数据支持。他们发现，管理者和团队领导者的素质是一个组织成功的最大因素，而带人是一项基本技能。

如果只能读一本关于如何在组织中做出改变的书：

《英雄之旅》(*How to Lead a Quest*)

杰森·福克斯博士（Dr. Jason Fox）

杰森聪明绝顶，古怪至极，好的意义上的古怪。他通过将最新的复杂性科学和心理学转化为日常的建议，帮助你面对厄运的海怪。他的推送值得订阅。

如果只能读一本关于如何挑战工作中的现状的书：

《重来3：跳出疯狂的忙碌》(*It Doesn't Have to Be Crazy at Work*)

贾森·弗里德（Jason Fried）& 戴维·海涅迈尔·汉森（David Heinemeier Hansson）

贾森和戴维是Basecamp的创始人，长期以来，他们一直倡

[①] 盖洛普公司由美国著名的社会科学家乔治·盖洛普博士于1935年创立，是全球知名的民意测验和商业调查/咨询公司。

建议陷阱

导创建智能的、以人为中心的、消除官僚主义的工作场所。这本书的内容来自一个小型的、虚拟的、资金充足的公司的经验，充满了令人愉快的见解和建议。

对团队效率的洞察

如果只能读一本关于说话艺术的书：

《精准沟通法》（*Exactly What to Say*）

菲尔·M.琼斯（Phil M.Jones）

这本书很简短，充满了智慧。尽管是作为销售类书籍推广，它的适用范围远远不止销售。这本书的有声版本听起来尤其棒。

如果只能读一本关于如何以正确的方式说出困难的事情的书：

《彻底坦率》（*Radical Candor*）

金·史考特（Kim Scott）

这本书可以作为《关键7问》《建议陷阱》的姊妹篇来读。它巧妙地将"为了不伤害对方的感情而不给出反馈"的行为称为"毁灭性的同理心"，并为你提供了切实可行的方法来改掉这个坏习惯。

如果你只能读一本关于如何更好地解决问题的书：

附 录

《所有问题,七步解决》(Bulletproof Problem Solving)

查尔斯·康恩(Charles Conn)& 罗伯特·麦克莱恩(Robert McLean)

我见过查尔斯,当时他是罗德学院的院长,他慷慨大方,聪明绝顶。这本书能让你立刻变得更聪明,而且它的设计很漂亮。

如果你只能读一本关于如何成功地将群英汇聚一堂的书:

《聚会:如何打造高效社交网络》(The Art of Gathering)

普里亚·帕克(Priya Parker)

知道如何把人们聚集在一起,有意识地为他们创造和保留空间做大事,这是一种无价的技能,无论你是在举行宴会还是战略研讨。普丽亚也有一个很棒的 TED 演讲。

关于个人效率的洞察

如果只能读一本关于习惯的书:

《掌控习惯》(Atomic Habit)

詹姆斯·克利尔(James Clear)

查尔斯·都希格(Charles Duhigg)的《习惯的力量》(The Power of Habit)一书是行为改变类书籍中的"番茄酱":有趣、文笔优美、研究敏锐、经久不衰。克利尔在都希格的基础上,提

建议陷阱

出了具体的策略来让你的生活变得更加美好。他每周一篇好文章的推送也值得订阅。

如果只能读一套关于好奇心和谦逊的三部曲：

《谦虚的问讯》(Humble Inquiry)《谦虚的咨询》(Humble Consulting)《谦逊领导力》(Humble Leadership)

埃德加·沙因（Edgar Schein）& 彼得·沙因（Peter Shein）

这三本书都体现了他们想要传递的信息。艾德是个好老师，我从他身上学到了很多东西。而我比较狡猾，三部并为一部，都写在这本《建议陷阱》里了。

如果只能读一本关于韧性的书：

《点子就是一直来》(Keep Going)

奥斯汀·克隆（Austin Kleon）

这本书是系列三部曲中的第三部，第一部是《点子都是偷来的》。克隆的作品睿智而优雅，不断给人灵感。他的推送也值得订阅。

如果只能读一本关于如何有目的地生活的书：

《你其实很棒》(You Are Awesome)

尼尔·帕斯理查（Neil Parricha）

附 录

我必须要和尼尔聚聚,因为他也住在多伦多。这是他迄今为止最好的一本书,结合了他早期"很棒"系列作品的刁钻视角以及他的《重塑自我》的研究和严谨风格。

如果只能读一本关于乐观地生活的书:

《事实》(*Factfulness*)

汉斯·罗斯林(Hans Rosling)

我是通过他精彩的 TED 演讲了解到汉斯的。这本书是在他临终前写的,是对数据驱动的乐观主义的颂扬。意识到你对世界的状态有多少错误的假设既令人不安,又让人快乐。

不要止步于此

我很幸运,认识了非常多优秀的带人、领导力和行为改变领域的思想家和实干家。这些人写我之想写,变我之想变,坚持我之所坚持。

以下是历年来我们的读者推荐的各类兼具权威性和实用性的书籍,这些作者本身都很优秀。现在把他们放一起,那更是优秀得不得了,让人高山仰止。

建议陷阱

管理类图书

《关键 7 问》(*The Coaching Habit*)
迈克尔·邦吉·斯坦尼尔(Michael Bungay Stanier)

《真北》(*True North*)
比尔·乔治(Bill George)

《数据化决策》(第三版)(*How to Measure Anything, 3rd Edition*)
道格拉斯·W. 哈伯德(Douglas W. Hubbard)

《团队赋能：打造快速成长的高效能团队》(*Multipliers*)
莉兹·怀斯曼(Liz Wiseman)

《组织文化与领导力》(*Organizational Culture and Leadership*)
埃德加·沙因(Edgar Schein)和彼得·沙因(Peter Shein)

《时间管理的奇迹》(*Procrastinate on Purpose*)
罗里·瓦登(Rory Vaden)

附 录

自我提升类图书

《早起的奇迹》(*The Miracle Morning*)
哈尔·埃尔罗德(Hal Elrod)

《自律力》(*Lifestorming*)
艾伦·韦斯(Alan Weiss)和马歇尔·古德史密斯(Marshall Goldsmith)

《财富流》(*The Millionaire Master Plan*)
罗杰·詹姆斯·汉密尔顿(Roger James Hamilton)

《财务自由笔记》(*Millionaire Teacher*)
安德鲁·哈勒姆(Andrew Hallam)

《野蛮进化2》(*Winning*)
蒂姆·S.格罗弗(Tim S Grover)和莎莉·莱塞·温克(Shari Lesser Wenk)

建议陷阱

人际关系类图书

《内向性格的竞争力》（*Quiet*）
苏珊·凯恩（Susan Cain）

《心理学家的倾听术》（*Just Listen*）
马克·郭士顿（Mark Goulston）

《心理学家的读脸术》（*Unmasking The Face*）
保罗·艾克曼（Paul Ekman）

《感恩日记》（*The Gratitude Diaries*）
贾尼斯·卡普兰(Janice Kaplan)

《恰到好处的亲密》（*Stop Being Lonely*）
基拉·阿萨特里安（Kira Asatryan）

| G R A N D | PUBLISHING HOUSE |
| C H I N A | |

THE SCIENCE OF SELF-LEARNING

知道做到
自学的科学

[美] 彼得·霍林斯 著

王正林 译

定价: 59.80 元

更少时间掌握更多的妙手学习法

- 快速吸收核心知识，解救上网课学不进去的你!
- 20 分钟读完 300 页的书，减负有多重学习任务的你!
- 娱乐功课两不误，释放刷手机成"瘾"的你!

基于前沿神经科学和行为心理学研究的 13+n 种学习法，普林斯顿大学、耶鲁大学、多伦多大学学霸争相运用，更有北京大学国际工商管理硕士班客座教授孙路弘作序，德语、英语双语学习高手、作家和资深媒体人乔飞倾情讲解!

助你冲破学习壁垒
加速度朝梦校和理想 offer 前进

中资海派图书

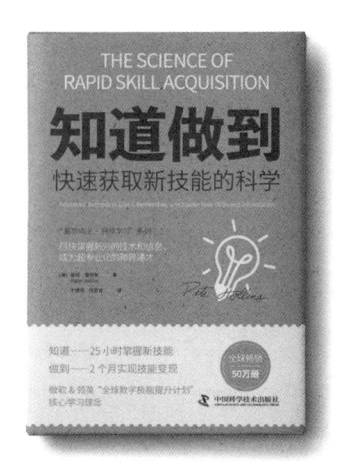

THE SCIENCE OF RAPID SKILL ACQUISITION

知道做到
快速获取新技能的科学

[美] 彼得·霍林斯 著
于德伟 张宏佳 译
定价: 59.80 元

超专业化的跨界通才技能学习秘诀

- 帮助即将毕业 or 找工作中的你，获得独一无二的求职竞争力！
- 赋能准备晋升 or 跳槽转行的你，无缝衔接新岗位，适应新职场！
- 指导发展副业 or 自由职业的你，持有长期稳定的"睡后收入"！

微软和领英"全球数字技能提升计划"核心学习理念，13+n 种技能获取法定位短、中、长期的职业生涯预期，引爆你的职业潜力！深圳职业能力建设专家库专家高静倾情作序。

助你突破职业天花板
全方位构建职场人的多维竞争力

GRAND CHINA PUBLISHING HOUSE

[美]迈克尔·邦吉·斯坦尼尔 著

易伊 译

定价：65.00 元

7 个关键问题，
带出敢打硬仗、能打胜仗的热血团队

- 团队成员离了你就不出成果，没有耐心地带人？
- 工作进度总被杂事打断，没有精力地带人？
- 丧失工作目标感和价值感，没有意义地带人？

教练界的头号思想领袖，"全球教练大师"（Global Coaching Guru），国际人力资源协会 SHRM 管理培训师，20 年领导力培训经验，120 000 名繁忙管理者亲证。

彻底扫清 3 大常见带人误区，
每天 10 分钟，在日常工作中收获奇效！

海派阅读 GRAND CHINA

READING YOUR LIFE

人与知识的美好链接

20年来,中资海派陪伴数百万读者在阅读中收获更好的事业、更多的财富、更美满的生活和更和谐的人际关系,拓展读者的视界,见证读者的成长和进步。现在,我们可以通过电子书(Kindle、掌阅、阅文、得到等平台)、有声书、视频解读和线上线下读书会等更多方式,满足不同场景的读者体验。

关注微信公众号"**海派阅读**",随时了解更多更全的图书及活动资讯,获取更多优惠惊喜。读者们还可以把阅读需求和建议告诉我们,认识更多志同道合的书友。让派酱陪伴读者们一起成长。

了解更多图书资讯,请扫描封底下方二维码。 微信搜一搜 Q 海派阅读

也可以通过以下方式与我们取得联系:

- 采购热线:18926056206 / 18926056062
- 服务热线:0755-25970306
- 投稿请至:szmiss@126.com
- 新浪微博:中资海派图书

更多精彩请访问中资海派官网 www.hpbook.com.cn